경비원
**24시간이
모자라**

경비원일기

저자 김광식

도서출판 **대명**

경비원 일기

| 저자의 말 |

경비원의 변

 전국에 계시는 경비원들의 숫자가 몇 명이나 될까? 잘은 모르겠으나 족히 수만 명은 되지 않을까 싶다.
 그럼에도 겨우 일 년 남짓 된 경력의 경비원이 그들을 대표하는 듯, 글을 써서 책까지 발간하려 하니 그분들께 미안하기 짝이 없다.
 최근 경비원들의 안전을 위한 법들이 제정되고 있고 각 언론 매체에서도 처우 개선을 위한 홍보가 자주 보도되고 있어 정말 다행이다.
 그러나 아직 일반인들 대부분은 경비원들을 보통의 직장인으로 인정하고 그에 따른 대접을 하는데까지는 이르지 않는 것 같다.
 근자에 도심 고급아파트들로부터 시작하여 경비원들도 차츰 젊은이들로 교체되어가는 현상이지만 아직까지는 경비원들의 대다수가 나이 지긋한 노인들이다.
 어쩌면 경비직이 노인들의 유일한 일터라 하더라

도 무리한 말은 아닐 것이다. 경비원들을 쓰레기나 치우는 사람으로 생각하는 이들도 있지만 알고 보면 우리 경비원들이 수행해야 하는 임무 또한 결코 가볍지 않다.

자연보호와 자원회수를 위한 분리수거장 정리를 필두로 주차관리, 방범과 화재 예방을 위한 순찰 등등 일일이 세자면 두 손, 열 손가락이 부족하다.

어느 날 최고참 동료 선배가 너무 평범한 이야기지만 누구도 부인할 수 없는 경비원들의 역할을 군대에 비유해 고개를 끄덕인 적이 있다. "언제 날지 모르는 전쟁을 대비해서만 군대가 있는 것이 아녀! 강한 군대가 있으므로 전쟁이 나지 않는 것처럼 우리 경비들도 그런 것이여!"

그렇다! 주민들의 생명과 재산의 안전을 위하여 새벽부터 늦은 밤까지 최저임금 수준의 대우를 받으며 일하는 경비원들. 그들에게 '수고한다'는 진정성이 담긴 인사 한마디면 경비원들은 '우리는 주민들을 위하여 없어서는 안 되는 존재'라는 자긍심이 넘칠 것이다.

경비직은 나이든 사람들에게 일자리가 거의 전무한 현실에서 선심성으로 베푼 직장이 아니라 정말 땀 흘려 일하고 그에 합당한 대가를 받는 직업이다.

처음 경비 일을 시작할 때는 나를 비롯해서 거의모든 이들이 주위 사람들에게 '심심해서' 또는 '운동 삼아' 경비 일을 시작 했노라고 말한다.

그러나 솔직히 충분한 경제적인 여유가 있는데도 나이 들어 경비원을 하려는 이는 없을 것이다. 일하지 않으면 안 되는 노인들에게 주어진 일자리에서 정당하게 대접받기 위해서라도 우리 경비원들은 그런 일자리를 마련해준 모든 이들에게 감사하는 마음으로 최선을 다하여 근무하여야 한다.

그리고 더불어 우리 스스로도 하는 일에 대한 자부심을 가져야 한다. 이런 이야기들을 나 스스로에게 다짐하고 싶어 일 년여에 걸쳐 경비원 일기를 써 왔다. 그런데 나 혼자만의 이야기를 굳이 공개한 가장 큰 이유는 경비원들과 입주민들 사이의 이해의 폭을 넓히는데 조금이라도 도움이 되기를 바라는 마음 때문이다.

부끄러운 일은 아니나 그렇다고 아직까지의 현실에서는 자랑스러운 직업도 아닌데, 내 아버지의 직업이 경비원임을 스스로 광고 하는 책을 출간하는데 앞장서 격려해준 세 딸과 사위들, 아들, 그리고 평생 속만 썩였건만 변함없이 곁을 지키며 일 년, 삼백여 일 하루도 빠짐없이 매일 새벽 4시면 어김없이 도시락을 싸주고 밥상을 차려준 마누라 릿다에게도 평소 표현하지 못했던 감사를 전한다.

더불어 동료 L형과 O형, 그리고 파트너 O형에게, 아무것도 모르던 초보를 제법 경비원 격이 나도록 매일 함께 해주어 정말 고맙다는 인사를 전한다.

부하 직원이 아니라 연장자로의 예우에 최선을 다해 주신 관리실의 소장님 이하 모든 직원 분들. 특히 함께 살아가는 가족의 일원으로 대하여 준 ㅂ아파트 입주민 모든 분들께 주님의 평화와 사랑이 늘 함께하시길 진심으로 기원드린다.

이 책이 생명을 얻기까지 정성을 다해 주신 대명출판사 직원분들께도 사랑을 전한다.

마지막으로 대한민국 경비원들 모든 분의 건강과 건투를 간절한 마음으로 주님께 기도드리며, 늘 "외할배 파이팅!"을 외쳐 준 손자, 손녀들아! 외할배는 용감하고 씩씩하고 멋진 경비원이란다.

| 차례 |

경비원의 변 / 4
첫출근 / 11
온라인 경비원 직무교육 / 13
어디로 갔을까 / 16
직업병 / 19
경비원 저녁시간 / 22
부활 도서관 / 25
꽃샘추위 / 29
분리수거 / 31
아이에게 배우다 / 35
갑과 을 / 38
다정도 병이더라 / 42
인사 / 46
두 소녀 / 51
산업 재해 / 54
예초작업 I / 57
예초작업 II / 61
역지사지 / 64
아파트 노인 / 68
아파트의 아이들 I / 73

아파트의 아이들 Ⅱ / 76
애로사항 / 80
강심장 / 85
수거장의 대형폐기물 / 88
명절 / 92
동료 / 95
가을비 / 99
경비실 정치토론 / 102
경비실 비품 / 105
기습한파 / 108
경비원의 주말 / 111
경비원의 왕국 / 113
오만의 댓가 / 116
시말서 / 120
어린이 놀이터 / 125
아파트 택배기사 / 129
사식서 / 133
한 해를 보내며 / 136
재계약 / 139
비상사태 / 143
차단기 / 150
봄날 풍경 / 153
자연보호와 생활 쓰레기 / 158
발문 / 163

첫 출근

 5시가 조금 넘은 시간, 여기서 이렇게 새해를 맞는다 생각하니 만감이 교차한다. 눈앞 이십여 층의 아파트 중 서너 곳에만 불이 켜져 있을 뿐 천오백여 세대의 대단위 아파트 단지가 고요하다.
 경비실 앞에 도착하니 5시 20분, 6시 까지 오랬는데 왜 이렇게 일찍 도착했는지 나도 모르겠다.
 예년에 비해 따뜻한 날씨라 하여도 정초 새벽바람이 매섭다.
 이십여 분을 발을 동동 구르며 견디다 경비실을 노크하며 들어서니 따뜻한 온기에 우선 살 것 같다.
 시계를 홀깃 쳐다본 선임자 L씨가 미소를 지으며 "밖은 내가 다 정리해 놓았으니 별일 없시오. 그럼 수고 하라요." 하며 이내 문을 나선다. 지시를 하든 지도를 하든 내가 해야 할 일을 좀 상세히 알려주려니 했는데 예상과 달리 뒤도 안 돌아보고 떠나는 그이의 모습이 조금은 어리둥절하고 서운하다.
 하긴 어제 대충 일러 주었으니 그를 탓할 일도 아니다. 선임자는 중국교포로 귀화한 지가 십여 년 되었다고 한다.

 나 역시 중국 생활을 이십여 년 했으니 지내다보면 뭔가 통하는 점도 있으리라. 경비원 제복으로 갈아입고 모자까지 눌러 쓴 거울에 비친 모습이 낯설다.

 군 제대 후 거의 오십 년 만의 제복이 아닌가! 내친 김에 경례까지 서너 번 해 보았다.

 이런 내 모습이 내가 보아도 요즘 아이들 표현을 쓰자면 웃프다. 겨울 해는 게으르다. 좁은 경비실 안을 다람쥐 쳇바퀴 돌 듯 서성이다가 아파트 단지를 한 바퀴 다 돌아도 얼굴을 내밀 기색이 없다.

 중국에서 해마다 함께 생활하며 지도했던 학숙 아이들과 새해 해맞이를 하러 찾아갔던 해변 생각이 난다. 수평선에서 떠오르는 해와 아파트 콘크리트 숲 사이로 떠오르는 해는 뭐가 다른 것일까? 깊은 산속 암자에서 맞이한 새벽의 고요함과 대단위 아파트 새벽 침묵의 다른 점은 무엇일까?

 이런 부질없는 상념에서 벗어나지 못한 나는 아직 훌륭한 경비원의 자격 미달임이 틀림없다.

온라인 경비원 직무교육

 월초 본사에서 지도 차 온 O차장이 코로나19 영향으로 그간 대면 교육을 해 오던 것을 당분간은 휴대폰을 이용하여 온라인으로 매월 교육을 4시간씩 받아야 한다며 절차를 상세히 알려 주고 떠났다.
 그랬건만 그간 컴퓨터 좀 만졌다는 나도 한참을 헤매다 겨우 길을 찾아 교육을 시청하고 있는데 우리 팀 반장이 찾아와 "김 형 이거이 뭔 말이여?" 하며 도움을 청한다. 반장이 온지 오 분도 안 돼 가장 연장자인 정문 근무자인 O형이 투덜거리며 들어선다. "로그인이 뭔 말이고 어찌케 하는 거이여?" 나 역시 어찌 설명을 해야 할지 암담하기만 하다.
 이곳 아파트는 초소가 3곳으로 경비원 6명이 두 조로 나뉘어 3명씩 하루걸러 교대로 근무를 한다. 아침 7시부터 다음날 아침 7시까지가 근무 시간이다.
 그중 법적으로 점심시간 두 시간, 저녁식사 두 시간, 취침 5시간이 보장되어 있으니 근무시간은 15시간 즉 하루 7시간 반 근무로 이틀 치를 하루에 하는 셈이다. 법이 그렇다는 것이고 실제로는 쉬는 시간이라고 마음 놓고 편히 있기가 쉽지 않다.

각 세대에서 수시로 울려대는 비상벨 확인하랴. 이런 저런 사유로 공동 문 열어 달라는 인터폰, 그리고 저녁에는 각 동 출입구 점등 그리고 무엇보다도 꼭두새벽 층간소음 해결해 달라는 난감하기 그지없는 민원 등, 당장 처리해야 하는 일들이 쉬는 시간 취침 시간을 가리지 않는다.

종일 긴장 속에서 하루를 보내고 나면 다음 날 새벽에는 한시라도 빨리 귀가하여 자리에 눕고만 싶어진다.

첫 출근 하는 신병을 두고 찬바람 일으키며 퇴근하던 선임자의 마음이 백번, 천 번, 이해가 간다.

6명의 경비원 중 칠십이 다 된 내가 가장 막내이고 가장 연장자는 나와 띠동갑이니 이 직업은 노인들만의 직업인 셈이다. 달리 표현하면 노인들에게는 아파트 경비직 말고는 다른 정규직 직업이 전혀 없다는 말이다.

나 역시 삼십 년 가까운 일터였던 중국에서 귀국하여 반년을 쉬다 이곳, 저곳 일자리를 알아보았으나 정규직은커녕 아르바이트 자리마저 구하기 어려웠다.

아직은 건강에 전혀 이상 없는데 매일 놀고먹을 수만은 없고 할 수 있는 일이 이 경비직뿐이니, 힘들다 어쩌다 할 처지가 못 된 경비원들의 말못할 아픔이 적지 않다.

그도 벌써 고급 아파트의 경비원들은 모두 삼사십 대의 보안관리원이라는 명칭의 젊은이들이 차지해 버렸고 나머지 아파트들의 경비원들도 오십대, 육십대 초반의 나이들로 젊어져 가고 있는 추세이다.

인력관리 회사들도 칠십 대는 지원서를 아예 받지 않는 곳이 태반이라는 소문이어서 더더욱 나이 많은 경비원들 허리가 움츠러드는 겨울이다.

어디로 갔을까?

 올해는 날이 미친 사람 널뛰기하듯 이상고온과 한파가 대중없다. 삼한사온의 우리 고유의 겨울 날씨는 어디로 가고 이러는지 모르겠다.
 설날을 며칠 앞두고 새밑 한파라는 말만큼이나 무척이나 추운 날이었다.
 아침 열 시 경 대형이삿짐 차와 사다리차가 자리를 잡더니, 기사와 인부들이 아파트 구내 편의점에서 우유와 빵 커피 등을 사와 좁은 차 안에서 나눠 먹는다. 멀리서 와서 아마 아침을 먹지 못한 모양들이다.
 비좁더라도 따뜻한 경비실로 불러 먹는 거라도 편히 먹게 하고 싶지만 마음뿐이다.
 규정상 경비실은 외부인 출입을 엄금하고 있기 때문이다. 그래도 밝은 표정으로 음식을 나누는 모습들이 보기 좋다. 오늘 받는 일당은 아이들 설빔이 되리라.
 그런데 열두 시가 넘어가도 차에서 이삿짐을 내리지 않는다. 아마 '점심식사 후 하려나 보다' 하고 지켜보는데 오후 두 시가 되어도 조용하다. 더이상 지켜볼 수가 없어 차로 찾아가 확인 해 보니 이삿짐은 왔는데 정작 집주인이 나타나지 않는다는 것이다.

아니 그럼 오다가 교통사고라도 난 것은 아닌가? 했더니 그도 아니란다. 전화 통화는 되는데 무작정 기다려 달라는 것이란다. 도무지 사연이 짐작이 되지 않는다.

그때부터 일손이 잡히지 않고 그곳에만 눈이 간다. 세 시가 넘을 무렵 이사차 기사가 화장실 좀 사용하자며 경비실을 찾아왔다. 무슨 일인지 확인되었느냐고 물었더니. 확실치는 않지만 자기 짐작에 입주금을 완불하지 않아 아파트 관리실에서 열쇠를 내주지 않는 것 같다고 한다. 아니, 이런 일이 다 있을 수 있다는 말인가!

관리사무실로 문의를 하였더니 경리담당 K여사가 임대 아파트 입주는 본사 허락이 있어야 하는데 입주금이 완불되지 않아 자신들도 걱정이라며 무척 안타까워한다.

기사가 나간 후 얼마 되지 않아 오륙 세와 팔구 세로 보이는 두 여자아이를 앞세운 젊은 엄마가 화장실 사용을 청해 왔다. "오늘 이사 오신 댁이신가요?" 하고 물으니 고개를 숙이고 '네' 한다.

나가려는 그녀에게 "아이들은 기다리시는 동안 여

기 있게 하세요" 하였더니 "감사합니다" 하면서도 아이들을 데리고 나가 주차장 저만치 세워둔 소형차에 태운다.

아니 저 차는 열 시가 좀 넘어서부터 저기 서 있던 차가 아닌가? 그럼 아이들은 저 좁은 차 안에서 얼마를 있었다는 말인가? 초짜 경비원의 둔해 빠진 눈치에 스스로 화가 난다.

오후 6시가 관리사무실 퇴근 시간이지만 한 시간여를 더 기다리던 관리실 직원들이 퇴근하고 이삿짐 차도 시동을 걸더니 떠난다.

이미 사위는 짙은 어둠으로 덮였고 모진 날씨는 바람까지 세차다. 십여 분을 더 멈춰있던 아이들을 태운 소형차가 떠난다. 어디로 가는 걸까?

아이들을 데리고 마땅히 갈만한 곳이라도 있는 것일까? 곁에서 밝은 빛을 내며 실내를 덥히던 전기난로 불빛이 괜스레 얄미워져 스위치를 내렸다.

하루 서너 시간 자는 경비원들의 쪽잠, 오늘밤은 그마저 잠을 이루지 못할 것 같다.

직업병

 경비 일을 시작한지 사 개월 만에 오른손 엄지와 약지에 병명도 처음 들어본 방아쇠수지라는 통증과 왼팔 팔꿈치에는 사람들이 골프엘보라고 부르는 내상과염 증상이 찾아왔다.
 병상에 누울 정도의 병은 아니나 일상생활이 영 편치 않다. 특히 팔에 힘쓰는 일이 잦은 경비원업무에 지장이 적지 않다.
 정형외과에서 엄청 아픈 신경주사도 맞고 한의원에서 침 치료와 물리치료 등도 수 차례 받아 보았으나 이내 그 모양이 그 모양이다.
 나 나름대로는 영 편치 않는 나날을 보내는 데도 겉모양이 말짱해서인지 아내는 도무지 관심이 없다. 두어 번 어필을 해 보았으나 '남자가 그 깐 것 같고 뭘 징징거려' 하는 표정이니 무참하기도 하고 서운하기도 하다.
 그리고 보니 나 역시 지난날 아내의 극심한 무릎 통증에도 '병원에 가봐' 하는 정도였으니 그 대가를 받는가 보다.

며칠 전 아침 미팅시간에 왼팔 팔꿈치에 파스를 붙이고 있는데 들어오던 ㅇ형이 "나도 하나 줘" 하더니 옷소매를 걷더니 팔목에 파스를 붙인다. "언제부터 그래요?" 하는 내 질문에 "맨 날 이 모양이지 뭐" 하면서 벌써 몇 년째 아프다, 좋아지기를 반복한단다.

그때 문이 열리며 한 팔로 다른 팔의 어깨를 누르며 "아이쿠 어깨야," 하면서 우리 팀 반장이 들어선다. ㅇ형과 내가 동시에 웃음을 터트리자 반장이 "뭐야? 왜 그래?" 하다가 파스를 바르고 있는 우리를 보더니 "모두가 병신이구만." 하면서 자기도 실소를 터트린다.

운전을 오래한 친구는 허리가, 출판업을 하는 친구는 눈이, 심지어 사람들의 정신적 치료를 담당하는 정신과 전문의 역시 그로 인한 스트레스가 많아 다른 의사에게 치료를 받는다고 하니 직업병이 없는 직업은 없는 모양이다.

며칠 전 내 사정을 잘 아는 동창회 총무가 부러 나 쉬는 날 동창회 모임을 잡았다며 동창들이 모두 궁금해 하니 꼭 나와 달라고 수차 부탁을 하여 십여 년 만에 동창회를 참석 하였다.

그사이 모두 할배들이 다 되어 있어 거울에 비친 내

모습을 보는 듯하였다. 수인사가 끝나고 이제 우리 나이에는 건강 문제가 첫 번째 화두인 듯 모두가 건강, 운동 이야기로 가득하다.

그 중 골프 예찬론자인 친구 하나가 자기는 주 일이 회 필드를 나가는데 나이 먹어가며 골프만한 운동이 없다며 골프 강의인지 자랑인지 혼자 말을 독식한다.

그 친구의 골프 강의(?)를 들으니 갑자기 어깨통증이 심해져 나도 모르게 팔을 들며 " 아 팔이야"하며 팔꿈치를 만지는데, " 어, 나도 골프엘보로 고생 중인데, 너도 운동깨나 하는 모양이구나? 자주 나가냐?"하고 묻는다.

할 말이 없어 미소만 짓는데 나를 동창회에 초대한 총무가 "야는 매주, 서너 번씩 나간단다"하며 거든다. '그래?' 언제 같이 한 번 나가자.' 하는 친구에게 '그럼! 격일제 근무이니 주 서너 번은 꼭 나간다.
 같은 골프엘보에 걸렸어도 너는 돈 쓰러 가지만 나는 돈 벌러.' 하고 답해 주었다.

물론 마음속으로만.

경비원들의 저녁시간

 사람들에게 저녁시간이란 어떤 의미가 있는 것일까? 하루의 일과가 끝나고 어두워져 가는 시각, 길거리를 둘러보라.

 조금 이른 퇴근시간 손에 케이크 상자를 든 어떤 이의 발걸음이 힘차다. 사랑하는 누군가의 기념일을 축하하는 행복이 벌써 그이의 발걸음에 가득하다.

 또 연신 손목시계를 보며 휴대폰을 들고 ' 다 왔다 다와 '를 외치는 어떤 젊은이, 그를 기다리는 사람은 그의 연인일까? 오랜 벗들일까?

 그리고 조금 늦은 퇴근 시간의 지하철, 힘든 하루이었던지 밀려오는 피곤함에 연신 고개를 주억거리던 어떤 이, 그러다가 울리는 휴대폰을 받으며 '응 오늘은 앉아 가는 중이야, 먼저 먹지그래' 하며 미소 짓는다.

 그이의 목소리에는 김치찌개 팔팔 끓여 놓고 기다리는 아내의 사랑이 가득하다.

 그래서 어떤 정치인은 국민에게 저녁을 돌려주겠다는 공약을 내놓았나 보다.

그런데 대한민국의 대부분 경비원들에게는 이런 저녁이 없다. 나이 먹은 경비원이라고 해서 사랑하는 가족이, 벗이 없을 것인가! 경비원들의 교대 시간은 법적으로는 아침 7시이다.

 그러나 7시에 딱 맞추어 출근하는 경비원은 한 명도 없다. 24시간 근무로 일일 교대가 기본인 경비원의 근무 일정 상 6시를 전후하여 빠르면 5시 반 늦어도 6시 반에는 출근을 하여야 한다.

 그래야지만 전임자로부터 인수인계 등의 절차를 마치고 7시부터 본 근무에 들어갈 수 있다.

 6시 출근을 위해서는 집과 근무지가 가까운 경우는 최소 한 시간 전, 거리가 먼 경우는 두 시간 전인 새벽 4시에서 5시에 기상해야만 한다.

 근무일의 취침 시간은 서너 시간, 그것도 언제 무슨 일이 있을지 모르는 긴장된 상황에서 쪽잠을 자야 하니 전날 충분한 수면은 필수이다.

 그래서 경비원들은 초저녁에 잠자리에 들어야만 근무가 가능하다. 행여 전날 조금 늦게까지 기분을 내었다가는 담날 종일 하품을 하며 주위 눈치를 보며 힘든 시간을 견디어야 한다.

 근무일의 취침시간은 밤 12시부터 5시 반까지이나 세면하고 뒤치다꺼리하다 보면 한 시가 넘어야 한다,

것도 하루 저녁에 두세 번 일어나야 하는 쪽잠이니 일러 무엇 하랴!

　그나저나 이번 주말에 시골에서 약주 즐기시는 장모님과 처조카들이 내가 쉬는 날에 맞추어 놀러 온다고 아내는 들떠 있는데 이를 어쩌랴?

부활 도서관

 '우리나라가 잘 살기는 잘 사는 나라임에 틀림없는 모양이네' 경비원으로 근무 하면서 나도 모르게 수시로 내뱉는 독백이다.

 하루 대여섯 차례 해야 하는 경비원들의 주요 임무 중 하나인 분리수거, 입주민들이 내다버리는 쓰레기 중에는 아까운 물건들이 적지 않다.

 의류, 가구류는 그런다 하더라도 아직은 사용함직한 전자제품들도 눈에 띠는데 그냥 쓰레기로 처리 되는 것이 안타까울 때가 종종 있다.

 그러나 그렇게 버려지는 물품들 중에도 내가 그냥 지나치지 못하는 것이 하나 있는데 그것은 책이다.

 어린이전집이 대부분을 차지하지만 때로는 발간된지 오래된 문학전집과 시집 등이 버려지기도 한다. 그럴 때는 로또에 당첨된 기분일 때도 있다.

 한 번은 '파브로곤충기'를 만화책으로 정성들여 만든 책이 있어 주워왔다. 발간된지는 오래되어 색깔이 약간 바래기는 하였지만 잘 보관 했던 듯 찢어지거나 낙서된 곳 하나 없었다.

집으로 가져와 예쁜 포장지로 싸서 곤충에 관심이 많던 초등학교 일 학년 외손녀딸에게 선물로 주었더니 그 어떤 책보다 좋아하며 자주 보는 것 같았다.

그 후 같이 근무하는 동료들에게 부탁을 하여 책을 모으기 시작한지 삼사 개월이 지나니 쌓인 책을 보관하는 일도 문제였다.

고민 중이던 어느 날, 대형 책장이 하나 버려져 '옳다구나' 하고 분리수거장 벽 한쪽에 세우고 그간 모은 책을 정리하였더니 책장 하나 가득이다.

전면에 '다 읽은 책을 저를 주시고 필요한 책은 가져가세요.' 하는 안내문도 붙여 놓았더니 그럴듯하다. 이곳을 '부활 도서관'이라고 나 홀로 거창한 이름으로 명명식까지 하였다.

동료들이 처음에는 '필요 없이 일 만든다'고 핀잔도 주고 그러더니 이제는 당신들이 먼저 책이란 책은 모조리 다 가져온다.

아이들이 책을 가져다 놀이터에서 보고 거기 그냥 두고 가버리면 다시 주워다 정리하려면 귀찮은 일은 일이나 아이들 책 읽는 모습이 흐뭇하다며 마다하지 않고 열심들이어서 고맙기 그지없다.

'언제 짜장면이라도 한 그릇씩 대접해야지' 하면서도 아직 마음뿐 사드리지 못하고 있다.

책장을 정리하다 보면 재미있는 일들이 종종 있다.
어느 날은 책장에 다이어리 노트가 꼽혀 있어 버리려다 보니 어떤 이가 아내에게 쓴 반성문이 대여섯 장이다. 아마 그 노트는 반성문 전용 노트였던 모양이다.
일월 달에는 '나라고 늦게 들어오고 싶었겠소. 과장님, 부장님 다 계셔서 어쩔 수 없어 늦었으니 이해 바라오. 앞으로는 눈치껏 사랑하는 당신 품으로 도망쳐 오리다.'로부터 시작하여 점점 낮은 자세로 맹세를 하더니 급기야 십이월 달에는 '오늘부터 정말로 금주를 맹세하오. 또 술을 마시면 우리 또비(아마 강아지 이름인 듯)를 형이라고 부르겠오.'로 마무리되어 있었다.
이런 반성문 노트가 버려진 걸 보니 정말 착한 금주 인이 되었는지 강아지 동생이 되었는지 궁금하기 짝이 없으나, 퇴근 후 한 잔 술로 하루의 스트레스를 풀어야 하는 샐러리맨의 고단함과 자주 밤늦게 술에 취해 귀가하는 남편의 건강을 걱정하는 아내의 우려가 읽혀져 만감이 교차하기도 하였다.
또 어떤 책은 읽은 이가 얼마나 꼼꼼히 정성 들여 읽었는지 곳곳에 밑줄이 쳐지고 자신의 의견 등이 한 페이지 건너 메모가 되어 있었다. 모르긴 몰라도 최소 서너 번은 독파한 책이 틀림없는데 이렇게 버려졌다는 것이 믿어지지 않았다.

혹 가족 중에 책 주인 모르게 버린 것은 아닌가 싶어 실은 나도 조금 욕심나는 책이기는 했으나 가져오지 못하고 책장 한 중앙 제일 잘 보이는 곳에 모셔두고 부활 도서관에 갈 때마다 눈여겨보았는데 일주일 만에 책이 보이질 않는다.

제발 제 주인이 다시 찾아갔거나 아니면 그만큼 아껴 줄 이가 가져갔기를 소원했다.

각 아파트에 비용을 지불하고 폐지를 수거해가는 재활용 업자 분들에게는 손해날 일이나 전국의 각 아파트에 부활 도서관이 만들어졌으면 좋겠다.

이제 여름이 되면 아이들이 나무 그늘에서 동화책을 읽으며 즐거워하고 담배 피우러 나온 애연가들은 한 편의 시를 읽으며 푸른 담배연기를 피워 올리면 멋져 보일 것이다.

어제는 제 친구들을 집으로 데려와 함께 놀던 외손녀가 저의 가장 애장서인 파브르곤충기를 자랑한다. " 애들아, 이 책은 우리 외할아버지가 쓰레기장에서 주어온 책인데 엄청 재미있다."

꽃샘추위

 지난해 남도지방으로 벚꽃놀이를 함께 했던 선배께서 철쭉꽃이 만발한 어느 지방 사찰에서 촬영한 사진을 보내셨다.
 작년에 벚꽃은 원 없이 즐겼으나 그 사찰의 철쭉은 꽃 몽우리만 맺혀 있었다.
 철쭉꽃의 화려함은 보지 못했으나 만개한 벚꽃만으로도 이십여 년 외국 생활로 봄을 잊고 살았던 세월의 여한이 조금 풀리는듯하였다.
 내년에도 꼭 함께하자 약속했었는데 내가 경비원으로 취직하는 바람에 함께 떠나지 못하였다.
 며칠 전 기상관측 이래 가장 늦은 시기인 사월 중순에 한파주의보가 내렸다.
 과수농가들의 피해가 적지 않다는 뉴스에도 농가들의 시름에 공감하기보다는 "아이쿠 그럼 올해도 과일 값 비싸겠네" 하는 생각이 먼저이니 내가 참 이기적인 사람인 모양이다.
 작년, 사월 초 전라도 영암 왕인 박사 유적지 인근, 고목이 된 벚꽃나무에는 여리면서도 화려한 연분홍

빛 꽃들이 만개할 대로 만개하여 있었다.
 조금 이른 아침 시각에 살랑거리는 봄바람에 휘뿌려지는 꽃들의 향연 속에서 나무 둥치에 몸을 기대여 홀로 보낸 삼십여 분은 내 삶 중 어느 순간보다도 더 사치스런 한 순간이었다.
 그래도 그 순간에 명창의 사철가 소리 한 대목이 간절했으니 사람의 욕심은 끝이 없는 모양이다.

분리수거

 얼마 전 우리나라 비양심적인 업체에서 폐비닐과 폐플라스틱 쓰레기를 동남아 국가로 불법으로 수출했다가 발각된 사실이 국제적으로 보도되어 나라 망신을 당한 사실이 있었다.
 그 후 수출한 쓰레기를 다시 국내로 반입하였다지만 정말 부끄럽고 창피한 일이 아닐 수 없다.
 그 불량한 업체도 큰 문제이지만 각 가정에서 분리수거만 잘하였다면 그런 일은 없었을 텐데 하는 아쉬움이 적지 않았다.
 경비원들의 임무 중 비중이 큰 업무가 분리수거이다. 분리수거란 재활용이 가능한 쓰레기를 종류별로 분리해서 각 해당 업체가 수거하기 용이하게 분류 보관하는 작업을 말한다.
 오늘은 그 중에서 투명페트병 이야기를 하려고 한다. 경비원 한 사람이 담당하는 세대수는 보통 삼백에서 사백 세대인데 그 세대가 배출하는 양이 결코 만만치 않다.
 경비원들이 포마대라고 부르는 담는 용기는 가로

세로 높이가 각 1.5미터에 이르는 대형 포대인데 보통 이틀에 한 마대씩 투병 페트병이 배출된다.

나도 경비원이 된 후에야 안 사실이지만 투병페트병의 재활용도는 아주 다양하다고 한다. 오백미리 생수병 11개면 운동화를, 16개면 가방을, 60개면 롱패팅을 만든단다.

더욱 우리의 삶에 큰 도움이 되는 점은 재활용 과정에서 새 원료를 사용 할 때보다 탄소 배출량이 절반이상 줄일 수 있다니 이건 꿩먹고 알먹고, 도랑치고 가재잡고, 일석이조가 아니라 일석삼조, 일석사조쯤 되는 일임이 분명하다.

그런데도 우리가 버리는 페트병은 자원으로 활용되기는커녕 오히려 쓰레기로 버려져 환경 위해 요인이 되고 있으니 통탄할 일이 아닐 수 없다.

다 아시겠지만 이유는 분리수거 수칙을 지키지 않기 때문, 다시 말해 우리의 의식수준이 문명하지 못하기 때문이다.

수거된 투명 페트병을 칩으로 만들어 원사를 뽑으려면 철저한 세척과정이 필요한데, 세척 비용이 새 원료를 사용할 때보다 더 많이 들어가는 배보다 배꼽이 더 큰 현실이란다.

각 가정에서 하는 세척 과정은 사실 단순하다. 내

용물을 완전히 비운 후 깨끗한 물로 두어 번 세척하고, 상표지 제거 후 이색이 나더라도 운송과정에서 이물질이 들어가지 않도록 마개를 닫은 채로 버리면 된다. (마개나 꼬리는 마지막 세척과정에서 쉽게 분리가 가능하다고 한다)

이러한 과정은 각 가정에서 조금만 관심을 가지면 쉬운 일이나 일단 아파트 분리수거장으로 나오면 상황이 달라진다. 우선 경비원 한 명이 하루면 수백 개 배출되는 모든 페트병을 세척하여 분리하기란 불가능하다.

작년(2020년) 우리나라 페트병 수입이 자그마치 십만여 톤이나 되고 그중 절반인 오만여 톤을 일본에서 수입하고 있다고 한다.

즉 일본인들이 사용하고 버린 쓰레기를 우리가 수입해서 재활용하고 있는 것이다,

수백 년이 지나도 자연 분해되지 않는 폐 페트병을 처리하기 위해 우리나라는 엄청난 유해물질을 배출해 가며 돈 들여 태우고 있는데 일본은 그걸 팔아 큰 수익을 올리고 있는 것이다.

일본은 어느 나라보다 사이좋게 잘 지내야 하는 이웃사촌 국가이기는 하나, 지난 역사를 인정하지 않고 억지를 부리고 방사능에 오염된 오염수를 전 인류가

함께 살아가야 하는 바다에 버리겠다는 그네들의 몰염치에 가끔은 진절머리가 쳐지는 나라이지만 그네들 일반 국민들의 청결의식은 우리가 분명히 배워야 할 일이다.

일제치하로부터 나라를 구하고자 목숨을 바쳤던 구국선열들께서 이 사실을, 후손들이 게으르고 나태해서 일본들이 버린 쓰레기를 사서 쓰고 있다는 사실을 아시면 지하에서라도 통곡할 일임에 분명하다.

오늘도 애써 따로 분리해 놓은 투명 폐 페트병포대에 버려놓은 먹다 남은 음식물 찌꺼기가 든 용기를 분리해 내고 붙어 있는 상표를 하나하나 제거 하는데 이런저런 생각에 한 숨이 절로난다.

그런데 왜 유명회사 음료병들은 상표를 떼어 내기가 훨씬 더 힘들게 접착제를 많이 발라 붙여 놓았는지 모르겠다.

상표가 외국 명칭이라서 그런 건가?

아이에게 배우다

 오월 중순 들어서도 날씨가 요동을 친다.
 어제처럼 비가 오고 바람 부는 날은 겨울처럼 춥다가도 오늘처럼 날씨가 화창한 날은 한여름이다.
 오늘 최고기온이 28도나 된다고 한다.
 변덕스런 날씨에 계절 감각을 상실하고 겨울 동복을 입고 근무하다 보니 아침부터 땀이 줄줄 흐른다.
 이런 와중에 점심을 먹으려고 도시락통을 열어보니 급히 오는 바람에 밥은 두고 반찬만 가지고 와 컵라면으로 대충 때웠다.
 그날따라 일진이 그런 날인지 점심 휴게시간 중에는 화재 경보 오작동이 서너 번이나 발생하여 고층을 서너 번 오르내리느라 쉬는 듯 마는 듯하고 나니 오후 일과가 좀 짜증스럽다.
 피곤한 몸으로 파지를 정리하려 분리수거장에 나갔더니 오전에 땀 흘리며 정리해 놓은 파지보관소에 누군가가 음식물 찌꺼기와 담배꽁초 등이 잔뜩 든 일회용 그릇을 박스에 숨겨서 버려 놓았다.
 일반 종이상자이거니 하고 밑면 테이프를 뜯으려

고 들어 올렸다가 음식물 찌꺼기 세례를 받고 나니 짜증 지대로다.

　나도 모르게 육두문자가 절로 쏟아진다.

　아파트에 사시는 분들은 알아 둘 일이 하나 있다.

　경비원들이 손댈 일 없이 완벽하게 분리수거를 하여 쓰레기를 내놓은 분들을 보면 절로 고개가 숙여지며 '아이고! 복 받으세요' 하는 마음으로 축복을 하지만 반대로 오늘 같은 경우는 저주까지는 아니더라도 좋은 말이 나갈 리 없다.

　본인들이 듣지는 못하더라도 원망은 원망이고 축복은 축복 아니겠는가! 홀로 쫑알거리며 정리를 하고 있는데 분리수거장 앞 동에 사는 초등학교 사 학년 정환이가 자전거를 타고 오면서 "경비 아저씨 뭐 하세요?" 하고 묻는다.

　만날 때마다 인사를 잘해 두어 번 대화를 나눈 녀석이다. 평소 같으면 친절하게 대답해 줄 터인데 오늘을 그런 기분이 아니다. 건성으로 "응?" 하고 말았다.

　그런데도 가까이 와서는 다시 "분리수거 하세요?" 하며 아는 체를 한다. 속으로는 '이 녀석아 보면 모르냐?' 하면서 약간 퉁명스런 어조로 "그래" 하고 다시 단답을 해 주었다. 그랬더니 녀석이 말없이 떠나간다.

 굳은 내 표정 등이 제 깐에는 서운했던 모양이다. 어린 제 속으로는 서너 번 인사를 나눴다고 최대한의 친밀감을 보였는데… 조금 더 다정하게 대해 줄걸. 자장면 찌꺼기, 짬뽕 국물들이 배어든 옷에서 냄새가 진동한다. 갈아 입을 옷도 없는데 어쩌지 하고 걱정하며 정리하고 있는데 등 뒤에서 정환이가 "아저씨!" 하고 부르며 자전거를 급정거한다.

 땀 흘린 얼굴로 내민 고사리손에는 냉기가 흐르는 생수병이 들려 있다. "이게 뭐냐?" 하고 물으니 "제가 아저씨 드시라고 사왔어요!" 하며 전해 주고는 제 친구들이 모여 있는 곳으로 간다.

 잠시 멍한 기분이다. 녀석이 전해 준 시원한 생수 한 모금을 마시니, 오늘 하루 가슴에 쌓였던 모든 짜증이 한여름 볕에 눈 녹듯 사라진다. 문득 윌리엄 워즈워드의 무지개라는 시 한 구절이 새롭다.

(중략)
 ' 아이는 어른의 아버지
 내 하루하루가
 타고난 본성으로 이어지기를'

아이에게 배우다

갑과 을

 입주민 또는 방문자와 경비원 간의 분쟁이 심심치 않게 전국판 뉴스에 등장한다.
 그 내용은 약자라고 생각되어지는 경비원의 입장에서 본 시각이 대부분이다.
 아직 길지 않은 경력의 경비원이긴 하나 그간 나와 대면한 입주자들 대부분은 예의바르고 협조적이었다. 간혹 서운하다 할 정도의 사람들도 있었지만 사람 사는 어느 곳인들 그런 일, 그런 사람, 두어 명 없겠는가?
 그러나 아주 하찮은 일에도 서운하고 서럽다는 생각이 드는 이유는 경비원들이 처한 입장이 그렇기 때문이 아닌가 싶다.
 우선 경비원들에게 직접 작업 지시를 내리는 위치에 있는 곳은 아파트 관리실이다.
 아파트 관리소장의 의견은 경비원들의 목숨줄(?)을 결정한다.
 경비원들이 소속되어 있는 인력회사에 '아무개 경비원 문제 있다'는 관리소장의 한 마디면 삼 개월 또는 육 개월 후 재계약은 이루어지지 않는다.

그 영향력의 행사는 소장 혼자만이 아니라 소장 휘하의 과장, 기사들에게도 역시 유효하다.

그러다 보니 관리실 직원 모두는 경비원들의 상관들인 셈이다.

관리실이 이러하니 관리실을 좌지우지하는 입주자 대표들의 영향력은 절대적이다.

각 동 대표는 물론이고 노인회, 부녀회, 등 아파트 친목단체장들에게도 밉게 보이면 경비원 생활은 고달파지고 힘들어진다.

한 번은 강아지 산책을 시키는 젊은 여성이 강아지가 실례해 놓고 그냥 지나가려 하여 "저거 치워야 하는데요?" 했더니 "어머 휴지를 안 가져 왔는데 아저씨가 대신 좀 해 주세요." 하며 당연히 당신이 할 일이라는 듯 짓는 미소에 할 말이 없었던 적도 있었다.

결국 입주민들 모두가 상전인 셈이다.

경비원들이 입주민들과 사소한 분쟁이라도 발생하면 관리실에서는 경비원들은 잘잘못을 따지지 말고 무조건 찾아가 머리 숙여 사죄하라 종용한다.

경비원들은 아파트 자체에서 직접 채용하는 경우는 없고 인력회사라고 부르는 인력관리회사에 고용되어 아파트에 파견되는 형식을 거친다.

아마도 인력관리에 따르는 사고, 분쟁 등 제반 문제들 때문인 듯하다.

인력관리회사에 취업이 되면 처음에는 삼 개월, 이후는 육 개월씩 근무계약을 한다. 다시 말해 육 개월 후에는 경비원들이 아무 잘못이 없더라도 재계약을 해 주지 않으면 보따리 싸서 근무지를 떠나야 한다.

그것도 강심장이어야 몇 개월이라도 버티지 윗분(?)들에게 한 번 잘못 보이면 그야말로 하루살이 처지의 직업인 셈이다.

그런데 경비원들에게는 주민들이 모르는 어른 노릇을 하는 곳은 또 있다.

입주민들이 버리는 쓰레기 종류는 음식물, 재사용이 불가능한 소각용 쓰레기와 재활용품으로 분류해서 수거해 가는 폐지, 비닐, 투명과 채색의 두 종류 플라스틱, 그리고 스치로폼 용품과 가구 등이 있다.

각 종류의 재활용품은 차량으로 직접 수거해 가는데 종류별로 업체도 각각 다르다.

재활용품을 수거해가는 이들이 경비원들에게 요구하는 사항 중 가장 힘든 일이 '다른 이물질이 섞이지 않게 하라'는 것이다.

폐지나 폐비닐에 음식물 쓰레기가 섞인 경우 수거하는 이들은 종종 분리수거장에 상한 음식이 묻은 쓰레기를 널부러놓고 가는 심술을 부리기도 한다.

그런 날은 경비원들에게는 정말 힘 빠지는 날이다.

요근래 몇 년 사이 지은 아파트에서는 음식물 쓰레기와 소각용 쓰레기는 자동집하시설이라는 초대형 흡입시설을 이용하여 주민이 사용료를 지불하고 분류된 통에 넣으면 하루 한두 번 집하장소로 빨아들여 처리한다.

그런데 문제는 이들 역시 경비원들에게는 갑의 역할이다. 이사라도 몇 집 같은 날에 있으면 처리해야 할 쓰레기가 넘쳐난다. 그런 날도 집하시설업체에서 처리해 주지 않으면 주민들의 눈살이 곱지 않다. 마치 경비원들이 게을러서 해야 할 일을 하지 않는 것으로 생각들 하는 모양이다.

그러니 오늘도 경비원들은 전화를 들고 사정을 한다.

"여기 아무개 아파트인데요, 대형 좀 빨아 주세요!"

들려오는 대답이 가관이다.

" 뭐요? 빨기는 뭘 빨아욧!"

다정도 병이더라

 새벽에 출근을 하니 선임 이 선생의 표정이 영 좋지 않다.
 몸이라도 불편하나 싶어 "어디 아프세요?" 하고 물으니 기다렸다는 듯이 어제 있었던 일을 하소연한다.
 어제 아침 무렵 입주민이 아닌 어떤 젊은이가 찾아와 자기가 휴대폰을 잊고 왔다며 00동 00호로 경비실 인터폰으로 연락 해달라고 부탁을 하드란다.
 별 생각 없이 통화를 해서 바꿔 주었다.
 '여보세요. 여보세요?' 하더니 통화가 중단되었다며 한 번 더 해달라고 하여 다시 했더니 이제는 인터폰을 받지 않는다.
 뭔가 좀 이상하기는 했으나 집으로 찾아가 보겠다는 그의 부탁에 아파트 동 공동출입구를 열어 주었다.
 그로부터 한 시간여 후 관리실에서 호출이 왔다.
 좀처럼 없는 경우라 놀라서 뛰어 가 보았더니 나이 든 여성과 젊은 여자 한 사람이 잔뜩 화가 난 표정으로 관리소장에게 큰소리로 항의하고 있었고 소장은 줄 곧 '죄송하다'며 사죄하고 있었다. 느껴지는 분위기가 완전 비상사태였다.

아침에 찾아온 남자는 젊은 여성 입주민의 이혼한 전 남편이었다.

그런데 계속 찾아다니며 괴롭혀 이사를 하였는데 어떻게 또 알고 찾아와 문을 열어 주지 않으니 집 앞 복도에서 소리를 지르는 등 야로를 부린 것이었다.

그때서야 사람 좋고 눈치 없는 이 선생은 '아차!' 싶었다.

부인이 관리실로 연락을 해서 직원들이 출동하였다. 돌아가지 않으면 경찰에 신고하겠다는 통보를 받고도 계속 소리 지르던 그가 직원이 경찰에 신고를 하자 모두를 향해 '다들 가만 두지 않겠다.'고 저주를 퍼부으며 돌아갔단다.

결국 이 선생은 시말서(경위서)를 쓰고 (취업 시 작성하는 계약서에 시말서 세 번이면 자동퇴사라는 조항이 첨부되어 있다) 자식 나이뻘의 소장에게 잔뜩 훈계까지 듣고 돌아왔단다.

선임이 퇴근하고 내가 근무하는 오후 시간에 찾아온 어떤 이의 모습이 아침에 선임이 말하던 그 사람과 동일하다. 아니나 다를까! 인터폰을 해 달라, 출입구 문을 열어 달라하며 억지를 부리는 그를 한 대 쥐여박고 싶었으나 보니 술도 좀 마신 듯하고 흉기라도 지녔나? 싶어 못 들은 체하였다. 그랬더니 '당신도 저**들과 한편!'이라며 말이 거칠어지고 나중에는 육두문자까지 나온다.

  경찰에 신고할까 하다가 마음을 크게 먹고 그를 관리실 안으로 들어오게 했다.

  규정상 외부인은 관리실 출입이 통제되어 있었으나 한편으로 오죽하면 저럴까 싶은 마음도 있어 안으로 들였다.

  우선 시원한 음료수 한 잔을 주며 진정하라고 위로를 하며 경비원으로서의 입장을 설명해 주었다.

  입주민 동의 없이 인터폰이나 출입구 문을 열어 주면 나는 곧바로 쫓겨난다는 사실을. 겨우 조금 진정된 후로도 한 시간이 넘는 시간을 그의 하소연을 들어주며 설득을 해서 겨우 돌려보냈다.

  그런데 정작 문제는 저녁 취침 시간이 다 될 무렵에 발생했다. 술 취한 그가 막걸리 서너 병을 사들고 또 찾아온 것이다.

  '말이 통하는 분 같으니 같이 한 잔 하자'며, 한참을 시달리다가 방법이 없어 잠들어 있는 옆 초소 동료 경비원을 깨워 불러 합동작전(?)으로 간신히 돌려보냈다. 아쉬운 듯 발걸음을 돌리는 그가 '앞으로 종종 놀러 오겠다'며 돌아갔다.

그에 말대로 정말 자주 온다면 이거 보통 머리 아플 일이 아닌데 어찌해야 할지 모르겠다.

그에게 온정을 베풀지 말고 차라리 경찰에 신고해야 했을까?

입장을 바꿔 생각해 보아도 정답이 없다.

오늘도 경비원의 하루는 고달프다.

인사

 사람이 사람을 만나면 첫 번째로 나누는 것이 인사다. 아마 사람뿐만이 아니라 세상만물들 모두 다, 경우에 따라서는 서로 다른 종(種)이라도 상호 관계는 인사로부터 시작된다.
 서로 처음 나눈 인사는 인상(印象)이 되어 이후 맺는 관계에서 호불호(好不好)의 중요한 요인이 된다. 일반적으로 동양적 사고(思考)는 아랫사람(나이가 되었든, 직위가 되었든)이 먼저 인사를 하고 윗사람은 인사를 받는다.
 인사의 종류도 다양하다.
 가벼운 미소로 나누는 눈인사, 손을 내밀어 마주 잡고 흔드는 악수, 보다 더 친밀한 방법으로 서양 사람들이 흔히 하는 포옹, 아주 친밀한 사람들 간의 입맞춤 등등. 그렇게 나누는 인사는 행위와 더불어 몇 마디 말이 뒤따를 것이다.
 '안녕하십니까?
 처음 뵙겠습니다.
 반갑습니다.

저는 아무개입니다.' 같은, 처음 만나는 사람들 간의 인사가 있을 것이고 이미 관계가 형성된 사람들은 '건강하시지요? 잘 계셨습니까?

사업은 잘되십니까?'처럼 친밀도에 따른 적절한 인사를 나누겠지만 경우에 따라서는 경상도의 ' 야! 이 문디이 안 죽고 살아 있네. 살아있어!' 전라도에서는 '오매! 이 쓰벌넘, 잘 살았나야! 같은 격한 인사도 있다.

그러나 뭐니 뭐니 해도 한국 사람들이 안면을 튼 이후의 가장 대중적인 인사는 '식사하셨습니까? 밥 먹었냐? 언제 식사 한 번 같이 하자! 시간 한 번 내 주십시오. 약주 한 잔 대접하겠습니다' 등 먹는 일에 관한 인사가 가장 많다.

혹자는 우리가 과거 워낙 가난하게 살아서 먹는 인사가 대중적인 인사가 되었다고 하지만 천만의 말씀이다.

세상사는 일 중에 먹는 일만큼 중요한 일이 또 있을 것인가! 밥을 먹든, 술을 마시든 무엇을 먹든지 간에 함께 먹는다는 것은 그만큼의 친밀도와 직결되어 있다.

그래서 가장 가까운 관계인 가족을 식구(食口)라고 하지 않던가! 아무튼 사람 간의 인사는 관계의 절대

적 시작이다.

상대에게 무엇을 부탁하거나 아쉬운 입장에서 인사를 하는 경우일지라도 인사를 받는 사람이 정중하고 예의 바르게 받아 주면 일의 결과에 상관없이 인사한 사람은 감격하기 마련이다.

그러나 상대로부터 무시당했다고 생각되면 오랫동안 나쁜 감정이 남아있을 것이고 경우에 따라서는 그 결과는 참혹한 일로까지 번지기도 한다.

윗사람이 아랫사람에게 먼저 해 주는 격려성의 따뜻한 인사 한 마디에 받는 사람은 온종일 미소가 떠나지 않고 힘이 날 것이다.

그러나 현실에서는 이처럼 소중하고 의미 있는 인사를 아름답게 주고받는 일이 결코 흔하지 않다.

윗사람이 아랫사람에게 먼저 친절하게 인사를 하지는 않더라도 반갑게 인사를 받아 주면 품위가 없거나 가벼운 사람으로 생각되는지 아랫사람이 인사하면 뒷짐 지고 딴 곳을 보며 고개만 까딱하거나 아예 인사를 받지 않는 사람들도 적지 않다.

일부 사람들은 윗사람에게 하는 인사를 아첨하는 걸로 생각해서인지, 쑥스러워서 그러는 것인지는 모르겠으나 인사를 해야 할 사람을 만나면 멀리서부터 피하거나 고개를 숙이고 못본 체 하는 사람들도 있다.

한 번 상상해 보시기 바란다.

윗사람이 스쳐 지나가는 아랫사람에게 먼저 '아무개씨 오늘 얼굴 좋네! 파이팅!' 또는 '아무게 양 오늘 힘들어 보이네, 쉬엄쉬엄하시게' 하고 격려해 주거나 아랫사람이 밝고 힘차게 '안녕하십니까! 또 뵙습니다' 하는 정중한 인사를 받으면 어떤 사람도 싫은 사람이 없을 것이다.

경비원들의 인사 경우도 큰 범주에서는 마찬가지다.

경비원들이 입주민들에게 먼저 인사하는 것이 당연하다.

경비 일을 시작할 처음 몇 달 동안은 입주민을 만나면 모두에게 인사를 했는데 요즘 들어 조금 머뭇거려지게 된다.

이유는 인사를 해도 받아 주지 않고 오히려 얼굴을 찌푸리는 일을 서너 번 당한 이후부터이다.

쓰레기 분리수거 이후 좀 지저분한 차림 때문에 그러는지 모르지만 자식 같은 사람들에게 인사를 먼저 하는데도 외면당하거나 소홀한 대접을 받으면 이 나이가 되어서도 남의 쓰레기나 정리하고 있는 자신에 대한 자괴감에 종일 마음이 무겁다.

그러나 반대로 '수고하십니다. 고맙습니다.' 등의 인사를 먼저 받게 되면 그날은 종일 힘이 나니 아직도 나는 숙련된 경비원이 되기는 먼 초보 경비원인 모양이다.

두 소녀

 근무한 지 두어 달 만의 일요일, 분리수거를 위해 분리수거장으로 들어서다가 십대 후반으로 보이는 두 소녀를 만났다.
 둘이 똑 닮은 것이 쌍둥이거나 자매 같았으며 이국적 외모로 보아 동남아사람인 듯하였다. '어라 우리 아파트에는 외국인이 없는데' 하는 생각에 그 아이들을 자세히 보니 분리수거장 유리병 포대에서 소주병 등을 골라 매고 온 커다란 배낭에 담고 있었다.
 이건 분명한 절도행위에 속한다.
 아파트에서는 입주민들이 버린 쓰레기도 주인이 있다.
 각 종류별로 수거해 가는 업체에서 관리실에 미약하나마 그 요금을 지불하고 있기 때문이다.
 그런 연유로 모아 놓은 공병을 가져가는 행위는 불법에 속한다.
 그리고 경비원은 그런 일을 막아야 할 책임이 있는 것이다.
 그 아이들을 제지하기 위해 분리수거장에 들어서

면서 아이들과 눈이 마주쳤다.

　일시에 굳어버린 아이들 중 한 아이는 한 쪽 팔이 불편한 듯 보호대를 착용하고 있었다.

　아이들의 공포에 찬 큰 눈을 본 순간 나는 경비원의 책무를 잊어버리고 돌아설 수밖에 없었다.

　경비실로 돌아와서도 한참 동안 이러저런 생각으로 그 아이들이 머리에서 떠나지 않았다.

　부모를 따라왔는지, 지네들끼리 왔는지는 모르겠으나 낯선 나라에 와서 사는 삶이 쉽지는 않았을 것이다.

　아마 인근 공장에 다니며 지냈을 터인데 한 아이가 팔을 다쳐 일을 못했을 것이고, 직장이 쉬는 주말에 아파트를 돌며 공병을 모아 푼돈이라도 벌어 보려고 사람들의 눈치를 보며 아파트 쓰레기장을 다니는 것이리라. 이십여 년 동안 외국생활을 했던 나는 이국에서의 삶이 얼마나 고달픈 것인지 너무도 뼈저리게 잘 알고 있다.

　더더욱 경제적인 문제가 해결되지 않는다면 그 삶은 견디기 힘든 고통의 연속이다.

　설마 배고파서 주말 쉬지 않고 나온 것은 아닐 것이고 치료비가 없었을까?

　아님 하루 빨리 고향으로 돌아가려는 경비를 마련

하려고 그런 것일까?

　이런저런 생각을 하며 한숨 지나고 나니 내 현실이 고민이다.

　다음 주에도 그 아이들을 또 만나게 되면 어찌해야 할 것인가?

　혼내서 다시는 오지 못하게 해야 할 것인가, 아니면 오늘처럼 못본체 해야 할 것인가? 어려운 숙제임이 틀림없다.

　차후에는 그 아이들을 그런 모습으로 만나지 말고 밝고 고운 모습으로 만나기를 간절히 바라면서 토시를 끼고 그 아이들 때문에 미처 마치지 못한 쓰레기를 정리하러 다시 분리수거장으로 나선다.

산업재해

 동료가 병원에 입원을 하였다.
 어깨 인대 두어 줄이 파열되어 수술을 해야만 한다는 진단을 받은 것이다.
 분리수거장에서 무거운 쓰레기 더미를 거의 매일 치워야 하는 경비원들에게 심심치 않게 발생 되는 증상이다.
 근무 중 발생 된 사고이니 회사에서는 당연하게 산업재해 신청을 하라 하지만 막상 경비원 당사자는 여러 가지 눈치를 보지 않을 수 없다.
 산재가 자주 발생 되는 회사는 당국으로부터 여러 가지 페널티를 받으니 회사 입장에서는 좋아할 리 없기 때문이다.
 내 파트너 L씨도 결국 백여만 원이 넘는 수술비를 자비치료 하기로 결심하였다.
 이러는 가장 큰 이유는 다음 재계약시 행여 문제가 될까봐 지레 걱정하기 때문이다.
 대놓고 말은 하지 않지만 회사에서는 상당히 흐뭇해하면서 우리 의견을 묻는다.

수술을 받고 회복 시까지 휴무하는 L씨를 정상 근무로 잡아 제 봉급을 다 받게 해 주려고 하는데 괜찮겠냐는 것이다.

이 질문은 여섯 명이서 하던 일을 다섯 명이서 해 줄 수 있느냐는 강요 같은 질문이다.

산재 신청을 하지 않고 치료비를 자비로 부담하는, 회사 입장에서 대단히 기특한(?) 사람에게 급료라도 제대로 받게 해 주고 싶다는 선심이다.

우리 경비원들의 목줄을 쥐고 있는 인력회사 담당에게 뭐라 할 것인가? 그 기간 동안 한 명을 보충해 달라는 당연한 요청이 입에서 뱅뱅 돌지만 모두들 입 밖으로 내지를 못한다. 회사 담당자가 나머지 경비원들의 마지못한 동의를 받고 흐뭇해하며 자리를 뜨자 기다렸다는 듯이 모두가 불만을 터트린다. "자기만 회사에 아부하면 나머지 사람들은 어떻게 하라는 거야?" "아니 여섯 명이 해도 힘든 일을 다섯 명이 하라니 이거 완전 도둑들 아니야?"

특히 A조 사람들의 표정은 완전 소태 씹은 표정들이다. 상당 기간을 세 사람이 해도 빠듯한 업무를 두 사람이 처리해야 하니 이해가 간다. 웅성웅성 분위기가 수선해지자 한쪽에 조용히 앉아 있던 반장이 한 마디 한다. "우리 모두 재계약일자가 며칠 남지 않았잖아?"

 잘리고 싶지 않으면 조용히 입 다물고 있으라는 의미일 것이다.

 그 와중에도 L씨는 나와 맞교대하는 파트너인데 내가 더 힘들 일은 없을 것인지 계산하고 있는 나는 의리 없는 소인배임이 틀림없다.

예초작업 I

 유 월 말이 되자 경비원들의 연례행사인 예초작업 시기가 돌아 왔다.
 매일 반복되는 경비원들의 주 업무인 순찰, 분리수거장 정리 정돈, 주차관리 등의 업무 외에 연중 두어 차례 해야 하는 예초작업과 낙엽 정리, 눈 치우기 등은 나이 든 경비원들에게는 힘든 일이다.
 그중에서도 예초작업은 상당한 중노동에 해당되는 고된 업무이다.
 이미 한여름 날씨로 낮 더위가 삼십 도를 오르내리는데 무거운 예초기를 어깨에 메고 안전모를 뒤집어 쓰고 하루 대여섯 시간 예초기를 돌리고 나면 완전 탈진 상태가 되고 만다.
 그런다고 매일 주어지는 일상 업무를 게을리할 수도 없다.
 오전 서너 시간 예초기를 돌리고 점심 식사 시간을 이용해 분리수거를 하려 하면 팔이 덜덜 떨려 물컵도 쥘 수가 없어진다.
 한참 동안 팔을 주물러 피를 통하게 진정을 시켜야

만 일을 할 수가 있다.

  손을 씻으러 화장실에 갔더니 거울에 비춰진 꼴이 가관이다.

  온몸에 흙먼지를 뒤집어써 안경 쓴 눈만 뻔하다.

  게다가 예초기 날에 튀어 오른 잔돌에 맞은 자리는 쓰리고 입에는 흙먼지가 서글거린다.

  나이 먹어 이게 무슨 꼴인가 하는 생각이 들어 인생이 서글퍼진다.

  그런다고 누굴 원망할 것인가.

  원망은커녕 그 누구에게 하소연할 곳도 없다.

  이럴 때 가장 중요한 사람들이 함께 일하는 동료들이다.

  각자에게 주어진 할당 지역이 배정되어 있지만 우리 조는 함께 공동으로 작업하기로 하였다.

  사실 나는 예초작업이 시작되기 훨씬 전부터 걱정이 많았다.

  아직까지 예초기를 말로만 들었지 한 번도 만져 본 적이 없었기 때문이다.

  일을 시작하기 전 장비를 점검 하면서 머뭇거리는 날 보고 O 선배가 묻는다. "김 씨 이거 해 본 적 없지?" 힘없이 "예" "그럴 줄 알았지, 이리 와봐, 이건 이렇게 시동 걸고, 이 줄은 이렇게 갈아주고…"

원래 기계치인 나는 대답은 하면서도 머리가 멍하다. 지켜보던 반장이 " 그런다고 되겠어, 오늘은 풀을 쓸어 포대에 담는 일이나 해"하고 지시한다.

  그래도 자존심이 있지, 나보다 훨씬 연배이신 분들에게 힘든 일을 맡기고 나만 편한 일을 할 수는 없다. 반 어거지로 예초기를 어깨에 둘러메는데 무게 중심이 흔들려 그조차 쉽지 않다.

  O 선배가 뒤에서 잡아 주며 걱정이 되시는 모양이다.

  그런데 이런 반전이 있나! 예초기를 돌리고 십여 분만에 완전 선수가 되었다. 윙윙 거리며 힘차게 돌아가는 강력한 모터에 연결된 와이어 줄에 잡초들이 시원하게 잘려 나가는 것이 통쾌하기까지 하다. 연신 땀이 흘러 눈은 아려도 스스로의 모습이 기특하다.

  이럴 줄 알았으면 젊은 시절 이공계로 진출할걸, 하는 생각까지 하며 무아지경의 십여 분이 더 흘렀나? 누가 뒤에서 어깨를 툭툭 쳐서 돌아보니 O 선배다.

  기계를 멈추고 자기를 따라오란다.

  선배가 가리키는 곳을 보니 조금 전 내가 정리 한 곳을 반장이 다시 작업하고 있다.

  아니? 이게 뭔 일? 하고 보니 내가 풀 벤 곳과 반장이 작업 한 곳은 완전 딴판이다.

  내 스스로 기계 도사인 양 여기며 작업했던 곳은 쥐

가 풀 파먹은 듯 듬성듬성 아주 엉망이다.

반대로 반장이 작업한 곳은 바리깡으로 밀어 놓은 해병대원들 뒤통수처럼 깨끗하고 깔끔하다.

확연히 다른 모습에 할 말이 없어 애먼 머리만 긁고 있는데 "처음에는 다 그려, 천천히 혀 봐, 힘들먼 나하고 교대하고" 나보다 여덟 살이나 많으신 O 선배의 말씀도 감격인데 멀리서 날 보고 짓는 반장의 밝은 웃음은 염화시중의 미소다.

다시 예초기를 돌린다.

베여 나가는 잡초들을 보니 조금 전과는 전혀 달리 보인다. '너도 살려고 여기 뿌리를 내리고 자리를 잡았건만 꽃 한 번 피우지 못하고 이렇게 허망하게 잘려 나가는구나.' 아, 나는 여전히 기계치이고 잘난 페시미스트(pessimist)에서 한 발도 벗어나지 못하고 있다.

(2022년 부터 경비원 예초기 작업 금지됨)

예초 작업 II

 풀베기를 시작한지 삼일이 지나고 사일 째가 되자 비로소 선배들 솜씨를 흉내나마 내게 되었다.
 그런다고 경력 십 년이 넘는 고수들에게 비할 바는 아니지만 그만하면 초보치고는 잘한다는 칭찬까지 받았으니 이제 어디 가서 나도 예초기 좀 돌려 보았다고 이야기할 수도 있을 것 같다.
 그런데 예초작업 삼일만에 인생살이 중요한 사실 하나를 터득하게 되었다. 무상무념은 고요한 산사에서 면벽 삼 년을 해야만 얻는 것만은 아니라는 것이다. 예초기를 돌려 잡초들을 제거하면서 나는 긴 시간 동안은 아니었지만 잠깐 잠깐이나마 분명히 한 경지를 경험하였으니 이 어찌 작은 일이랴!
 작업 삼 일째의 오전 열시 경이었다.
 정원수와 버팀목 등의 장애물이 많아 작업 여건이 까다로운 곳을 끝내고 비교적 공간이 탁 트인 넓은 잔디밭에 들어섰다.
 예초기의 엑셀을 높여 고회전으로 작업을 시작한 것까지는 분명히 기억한다. "이제 선수 다 되야 붓

네! 불러도 모리고 뭘 그리 열심히 하노? 이제 좀 쉬였다 하재이." 경상도 억양 짙은 반장의 등 두드림을 받고 보니 어느새 넓은 잔디밭 작업이 다 완료되어 있는 것이다.

그리고 작업내용도 내 솜씨가 아니고 프로가 한 듯 완전무결하게! 이 어찌된 일인가? 이십여 분을 무아지경의 경지로 작업에 임했던 모양이다.

무거운 예초기를 부려 놓고 내가 작업한 잔디밭을 다시 둘러보았다. 묘한 기분이 든다. 그제야 예초기 날에 튄 잔돌들에 맞은 곳의 통증도 느껴진다.

오후 작업 중에도 잠깐이었지만 비슷한 상황을 경험했다.

어찌 격 높은 분들의 무상무념의 경지와 비교가 되리요 만은 나로서는 일찍이 경험한 적 없는 한 경지임이 틀림없었다. 도를 닦는 수행도, 피 말리는 예술작업도 아닌, 나이 들어 돈 벌기 위해 의무로 행한 육체노동에서 느꼈던 이게 뭐지? 싶어 쉬는 시간에 인터넷 검색을 이곳저곳 해 보았더니 가장 그럴듯한 설명이 스포츠 심리학에 있었다.

여기 옮겨 보면 [사람이 어떤 일에 완전히 열중할 때 가지게 되는 심신 일치 또는 심신을 자동적으로 통제하는 상태로서 명확한 목표 인식, 통제 감각, 무

아경, 시간 감각의 변형 따위가 대표적 느낌이다.(flow experience)]

즉 몰입상태로 작업을 한 것이었다.

잠시 순간의 경험이었지만 이참에 지난 나의 삶을 되돌아보았다.

머릿속에서 파노라마처럼 칠십 년 세월이 흘러간다.

열심히 살지 않은 삶이었다.

무엇을 위하여 치열한 노력도 투쟁도 한 기억이 없다.

그저 흘러가는 시간에 나를 맡겨 놓고 편하게만 순간에 집착하며 지내온 삶이었다.

그러고 보니 그 집착이 문제였다.

집착의 주체는 나 자신이다.

상대의 입장이나 보편타당한 상황의 판단에서 행동하는 것이 아니라 오직 나만을 위한 극히 이기주의적인 삶이 문제였던 것이다.

몰입과 집착은 비슷한 단어 같지만 사실은 상반된 의미를 내포하고 있었던 것이다.

그 집착으로 점철된 나의 삶이 얼마나 많은 사람들에게 상처를 주고 아픔을 주었을까를 생각하니 하늘을 올려다보기조차 두렵다.

스스로 하는 고해성사의 시각에 오전 내내 흐리던 하늘에서 굵은 비가 내리기 시작한다.

역지사지

 살다보니 나에게도 출세할 일이 생겼다.
 작년 오월에 서울에서 인근 도시로 이사를 하였다.
 주위 생활 여건은 도심지에 비하여 불편한 점이 없지 않으나 자연환경은 서울과 비할 바가 아니다.
 벌써 공기가 확연히 다르다.
 그뿐 아니다.
 창문을 향하여 고개만 들면 자연이 바로 코앞이다.
 이사한 집은 신축된 임대 아파트로 삼백 여 세대의 아담한 단지이다.
 입주 후 알림판에 붙는 여러 가지 내용 중 유독 내 눈에 밟히는 공고문이 아파트 선거관리위원을 모집한다는 내용이었다.
 이유인즉 그간 지원자가 없어 벌써 서너 번째 재 공고문이 붙기도 한 것이지만 젊은 시절 회의와 관련된 사회단체 활동을 나름 열심히 한 탓도 있었을 것이다.
 하루는 입주차량을 등록하러 가는 길에 선거관리위원 등록을 문의하였더니 아직 한 명도 없다며 관리소 측에서 오히려 등록을 강요하듯 부탁한다.

그러고도 두어 달이 지나서야 정원 5명 중 법적 충족 여건인 세 명이 등록되어 겨우 선거관리위원회가 소집되었다.

첫 회의에서 나이가 가장 연장자인 탓으로 아파트 선거관리위원장이란 감투를 쓰게 되었다.

그러니 일하는 아파트에서는 말단(?) 경비원으로, 사는 곳에서는 직접은 아니지만 관리자 중 일원이 된 것이다.

각동 대표를 선출하고 열린 첫 번째 각동 대표 회의에서 가장 많은 민원 발생은 주차 관리였다.

그것은 내가 경비원으로 근무하는 아파트 역시 같았다. 더욱 내가 사는 아파트 주위에는 별도 주차장이 없는 빌라라고 불리는 다세대 촌이 대단위로 형성되어 있었다.

그런데 그들 중 일부가 우리 아파트에 불법 주차를 한다는 것이다.

그래서 저녁 조금만 늦게 귀가하면 정작 입주민들 주차 자리가 없으니 주민들의 불만은 날로 쌓여 동대표가 선출되자마자 난리가 난 것이다. 회의가 진행되면서 동대표 다수들 의견들이 경비원의 근무 태만 쪽으로 결론 지어가는 분위기였다.

나는 동대표는 아니지만 한마디 하지 않을 수 없었다.

우선 육 개월 차 경비원인 내 직업을 밝혔다.

보통 아파트 입구에는 차량 차단기가 설치되어 있다. 등록된 차량은 무사 통과하지만 방문자 차량이나 미등록 차량은 신분을 확인하고 경비실에서 문을 열어 주어야 한다.

그런데 이 절차가 문제이다.

일인 근무하는 경비원이 연이어 들어오는 차량마다 어디에 무슨 일로 가는 차량인지 청취 후 다시 그 사실을 각 세대로 확인하고 차단기를 열어 준다는 것은 물리적으로 불가능하다는 것을 설명해 주었다.

내가 근무하는 아파트에서 절차적으로 관리한 적이 있었는데 시행 반 시간도 못되어서 다시 원상 복귀하고 말았다.

확인 절차를 밟는 동안 밀린 차들은 뒤에서 빵빵거리지, 확인되지 않아 차단기를 열어 주지 않으면 차는 입구에 주차해 놓은 채로 관리실로 찾아와 자식들 집에 가는데 뭐가 문제냐고 항의하지, 이건 완전 중구난방, 난리법석이 되고 말았다.

이런 사실을 동대표들에게 전해 주고 이 문제는 경비원들의 문제가 아니라는 사실을 강조해 주었다.

우리 아파트의 주차 면은 세대수의 1.5배인데 비하여 보유 차량은 세대의 두 배이니 당연 주차장이 비좁을 수밖에. 암튼 이후로 이런 주차 문제부터 시작해서 기타 여러 사항에서 일하는 곳에서는 고용주의 입장을, 사는 곳에서는 고용자의 입장을 대변하게 되었다.

우리가 사는 세상은 어디에서나 대치되는 두 입장이 있기 마련이다. 시키는 자와 하는 자, 주는 이와 받는 이, 파는 자와 사는 자, 각자의 입장에서 보면 나의 손해는 상대의 이익이라고 생각하기 쉽지만 이는 잘못된 생각이다.

오히려 상대방에 대한 배려나 양보의 결과는 내가 양보한 것보다 훨씬 더 큰 이익으로 나에게 돌아오고 더하여 덤으로 내가 사는 세상을 행복하게 하는 것 같다.

그래서 우리 조상님들은 역지사지(易地思之)의 중요한 가르침을 우리에게 남겨 주신 것이 아니겠는가!

아파트의 노인

연일 불볕더위가 기승이다.

어제는 온열병으로 사망자까지 나왔다는 뉴스가 있었다.

경비원들의 여름나기도 만만치 않다.

경비초소는 에어컨이 있어 견딜만하나 경비원의 주업무인 쓰레기 분리수거, 순찰, 주차관리 등을 수행하려면 하루 일과가 만만치 않다.

이 더위에 한 번씩 순찰을 돌고 나면 온몸이 땀으로 멱감듯 한다.

내가 근무하는 아파트는 경비초소가 세 곳으로 사개월에 한 번씩 근무지 교대를 한다.

세 번째 근무지로 옮긴 다음날, 팔십대 중반의 노인께서 쓰레기를 버리려 노인용 밀차를 밀면서 힘겹게 수거장 안으로 들어오셨다.

분리수거 중이던 내가 비닐봉투를 받아 분리수거를 해 드렸더니 가시지 않고 손을 내미셨다. "왜요 할머니, 뭐 드려요?" 했더니 방금 버린 비닐봉투를 가리키신다.

그리고 보니 비닐봉투가 사백 원짜리 재활용 봉투였다.

이미 여러 번 재사용하신 듯 구겨지고 더러워져 있었다.

재활용 봉투를 받아 드시고는 미소를 지으시며 손을 흔들며 돌아가셨다.

그 후로 두어 번 더 순찰 중에 할머니를 만나면 인사를 드렸더니 어느 날 경비실로 감자 열 알 정도를 담아 찾아오셨다.

"어르신 혼자 사세요?" 하고 여쭈었더니 "아니요. 우리 아들이 한 번씩 와요" 하고 대답하셨다. "아, 그럼 이 아파트에서는 혼자 계시고요?" 하고 다시 여쭈었더니, "우리 아들이 자주 와요" 하고 단호히 혼자가 아님을 강조하셨다.

그 후로도 가지 두어 개, 호박, 오이 한 개씩을 가지고 경비실을 찾아오셨다.

이런 일이 자주 반복되자 조금 부담이 되었다.

할머니를 뵈니 농사를 지으실 건강은 아니시고 내가 사드려야 될 형편에 얻어먹자니 좀 그랬다. "할머니 이 야채들은 사오셨나요?" "아니요, 우리 아들이 나 먹으라고 가져온 것이라요." 하시며 아들이 자주 찾아옴을 강조하셨다. "그럼 두고 드시지 왜 가져오세요?" "뭐가 없어야 우리 아들이 또 오지라!" 숨도 안 쉬고 하시는 대답에 내 가슴이 '턱'하고 내려앉았다.

  그러고 보니 가져오시는 야채들은 조금씩 시들은 야채들이었다.

  그 후로 야채를 들고 오실 때는 노인의 아들이 자기 어머니를 자주 찾아뵙는데 나도 일조를 한다는 생각으로 군소리 않고 반갑게 받아들었다.

  내가 근무하는 아파트는 임대 아파트지만 일반 임대 아파트로 할머니 혼자 계시는 곳치고는 임대료가 부담이 되는 금액인데 아마 자녀들은 경제적 여유가 있는 모양이었다.

  두어 달을 눈여겨 지켜보아도 자주 온다는 할머니의 아들을 나는 한 번도 볼 수 없었다.

  일주일이면 서너 번 경비실로 찾아오시고 노상에서도 가끔 만나던 분이 어느 날부터인가 뵐 수 없었다.

  거의 보름 만에 산책로에서 할머니를 만나 반가워 인사를 드렸더니 처음 보는 사람인 양 냉랭하게 날 대하셨다.

  경비실로 돌아와 나도 모르게 혹시 할머니를 서운하게 해 드린 적이 있나 하고 되새겨 보고 있는데 뒤따라오신 듯 경비실로 들어서신 할머니께서 자신의 집 아파트 전기가 나갔다고 고쳐 달라고 하셨다.

 시간을 보니 관리실 기사들의 퇴근 시간이 다 되었다. 급히 할머니를 모시고 관리실을 찾아가 할머니 댁 전기 수리를 부탁하였다.

 이 한여름에 전기가 없으면 냉장고며 선풍기 등 사용할 수 없을 터인데, 혼자 계시는 노인에게는 적은 일이 아니었다.

 퇴근 준비를 하던 기사도 내 설명에 동의를 하며 공구를 들고 할머니 댁으로 나섰다.

 잠시 후 전기기사가 툴툴거리며 "그 노친네 치매 걸리신 거 같은데요?" 하며 경비실로 찾아 왔다. "왜요?" " 할머니 댁 전기가 멀쩡하여 뭐가 고장인데요? 하고 물었더니 대답 대신 다 변해버린 야채를 주섬주섬 담아 주셔서 그냥 놓고 왔네요"하며 돌아갔다. '얼마나 외로웠으면…' 하는 생각으로 일이 손에 잡히지 않았다.

 그날 해가 져갈 무렵, 경비실로 찾아온 할머니 손에는 다 물러버린 토마토며 변질되어 물이 흐르는 야채들이 담긴, 눈익은 그 재활용 봉투가 들려 있었다. "아자씨는 언제부터 여기 혼자 계셨소? 첨보는 양반인데 저녁은 드셨소?" 할머니를 댁까지 모셔다 드리고 관리실 근무자에게 할머니 보호자연락처를 찾아 사실을 알려 드리라고 전하였다.

 설마 이 사실을 전해들은 가족들이 할머니를 방치하지는 않겠지 하며 눈여겨 할머니 댁 출입구를 지켜보았다.

 밤 열두 시가 될 무렵에야 병원차가 요란한 경적을 울리며 들어섰다.

 차에서 내리는 사람들을 보니 할머니 가족으로 보이는 사람들은 보이지 않고 병원 관계자인 듯 사람 한 명과 기사만 내렸다.

 관리실 근무자가 할머니 보호자로부터 할머니를 요양원 차편에 보내 달라는 연락이 받았다고 한다. 엘리베이터에서 내린 할머니가 날 보더니 밝은 표정으로 "잘 지싯쑈. 인자 나 아들한테 가요!" 하며 손을 흔드신다.

 요양원 앰뷸런스가 떠났다.

 할머니가 주고 가신 변해버린 야채는 버리고 재활용 봉투는 깨끗이 씻어 말렸다.

 깨끗이 씻은 재활용 봉투를 할머니께 전해 줄 수 있기를 간절히 바라면서.

아파트의 아이들 I

벌써 일주일째 폭염이다.
뉴스에서는 특보로 전국의 더위가 주의를 넘어 경계 단계이며 벌써 온열병으로 수 명의 사망자가 발생했다고 한다.
이 한더위는 경비원들에게도 견디기 힘든 시기이다.
그나마 근래 들어 경비실에 에어컨 등 냉방시설이 설치되고 있어 얼마나 다행인지 모르겠다.
올해는 코로나19라는 병마로 세상 모두가 난리인데 더위까지 더하여 모두가 더 힘든 여름을 보내고 있다.
아파트의 아이들 역시 힘들기는 마찬가지이다.
방학은 하였으나 몹쓸 놈의 병마로 피서 나들이도 쉽지 않은 듯 노는 곳이 땡볕의 아파트 놀이터이다.
그도 이 무더위로 두어 시간이지 정작 아이들에게 더 인기 있는 놀이터는 분리수거장이라고 불리는 쓰레기 처리장이다.
그곳에 있는 수도꼭지에서 물을 받아 하는 물장난으로 오늘도 녀석들의 모습은 모두 물에 빠진 생쥐

꼴들이다.

 녀석들의 물놀이는 두어 녀석이 들고 온 물총으로부터 시작은 하지만 이내 분리수거장에 모아 놓은 빈 생수병 등이 동원되기 시작하여 물을 담을 만한 모든 용기가 다 동원되고는 한다.

 그러다 보니 경비원들이 이 더위에 애 써 정리해 놓은 폐지 더미며 폐플라스틱 마대 등이 온통 흐트러져 난리가 아니다.

 이도 하루 이틀이지 경비원들 역시 더위에 지쳐 짜증이 나기 마련이다.

 처음에는 그 중 큰 녀석을 붙들어 사정을 설명해 주며 주의를 주었지만 그 효과는 이틀을 가지 못하고 오늘도 마찬가지이다.

 얼마나 놀 곳이 없었으면 쓰레기장에서 하는 물놀이에 저처럼 즐거워할까?

 녀석들의 작은 행복을 방해하고 싶지 않아 오늘은 먼발치에서 돌아서고 말았다.

 녀석들에 비하면 우리 어릴 적 여름은 행복했다.

 집에서 멀지 않은 냇가에서 미꾸라지 잡고 개수영하며 놀던 나날은 이 아파트 아이들에 비하면 큰 축복이었던 같다.

 비록 비싼 물총도 수영복도 없었지만 낮에는 잠자

리 날리고 밤이면 참외서리 하여 수없이 많은 별을 세며 먹었던 그 시절을 이 아파트 아이들에게도 물려주지 못하여 부끄럽다.

　그래! 감기만 걸리지 말고 열심히 뛰어놀아라.

　너희가 어질러놓은 분리수거장이야 너희들이 잠들고 나면 다시 한 번 더 정리하면 되지!

　너희들의 밝은 웃음소리가 만든 다음 세상은 지금보다 훨씬 더 행복한 세상이 될 것이라 확신이 드는구나!

아파트의 아이들 II

 최근 관리소장 특명(?)이 경비대원들에게 하달되었다. 일 인, 한 시간씩 아이들 학원 하교 시간에 맞추어 스쿨버스존 또는 마마존이라고 불리는 곳에서 주차 지도를 하라는 내용이었다.
 근자에 지어진 모든 아파트 입구에는 학원 차량이 아이들을 태우고 내리는 공간이 별도로 마련되어 있다.
 그런데 문제는 마마 존이 위치한 장소가 아파트 내에서 가장 번잡한 곳이라는 점이다.
 바로 옆이나 좁은 길 건너편에는 아파트 상가가 있어 편의점, 세탁소, 치킨집 등을 이용하는 사람들로 늘 붐빈다.
 그러다 보니 상가를 이용하려는 고객들은 잠시는 괜찮겠지 하는 생각으로 마마존에 주차를 하는 경우가 허다하다.
 스쿨버스가 주차하는 곳에 타 차량을 주차해 놓으면 연이어 들어오는 스쿨버스가 댈 장소가 없어 난리가 난다. 게다가 정차한 차량들이 시야를 막아 길 건너는 아이들에게는 개미지옥처럼 위험한 장소가 되고는 한다.

 워낙 좁은 단지 내 도로이고 보니 건널목이 아닌데도 앞뒤 안 보고 뛰어서 길 건너는 아이들 때문에 가슴이 덜컹 내려앉을 때가 많다.

 스쿨버스 주차 관리는 경비원들 입장에서는 주어진 업무 외의 추가 업무이고 더욱 그 시간은 경비원들의 근로계약서에 명시된 휴게시간과 일치되는 시각이어서, 관리소장의 특명은 괴롭지만 아주 적절한 지도력(?)임을 자인하지 않을 수 없다.

 한 번은 근무 중 잠시 화장실을 다녀왔더니 그 사이 고급차 한 대가 주차되어 있고 운전자는 보이지 않았다.

 길 건너 편의점에 간 손님이겠지 싶어 기다리는데 십 분이 다 되도록 소식이 없다.

 차 앞 유리창에 적혀진 번호로 전화를 했다.

 그런데 한다는 말이 멀리 와 있어서 차를 옮길 수 없다는 황당한 대답이었다.

 시간상 그럴 리가 없다.

 전후 사정을 이야기했더니

 "그 양반 참 말 많네. 지금 차 빼지 못한다니까!"

 " 그럼 어쩌라고요?" "그냥 당신이 알아서 하시라구요. 차에 기스 하나만 나면 손해배상 청구할 테니까!"

　서너 번 더 대화가 오가면서 상대는 문자로 기록하지 못할 정도의 육두문자까지 섞어 언성을 높였다. 참 기가 막혔다.

　그런데도 이런 경우 방법이 없다.

　아파트 단지 내는 도로가 아니어서 도로교통법에 위촉되지 않는 다나, 어쩐 다나, 이야기가 딴 곳으로 샜다.

　학원 스쿨버스는 종류도 참 많다.

　영어, 수학학원, 태권도학원, 축구교실, 미술, 음악학원, 등등. 아이들이 통학버스에서 내려 보호자와 재회(?)하는 모습들 또한 가지각색이다.

　함박웃음으로 엄마 품에 안기는 녀석, 몇십 년만의 상봉인 듯 통곡하는 녀석, 고사리손으로 만든 작품을 보물 다루듯 안고 와 자랑하는 녀석 등, 그런데 그 중 일부 아이들은 버스에서 내리는 자세부터가 힘이 없는 녀석들이 있다.

　그 아이들은 스쿨버스에서 스쿨버스로 인계 되는 아이들이다.

　아마도 부모들은 둘 다 직장인이고 딱히 돌봐줄 보호자도 없어서 그럴 것이다.

　다른 아이들이 보호자 품에 안겨 환호하는 모습을

부러운 듯 뒤로하고 또 다른 스쿨버스에 몸을 싣는 어린아이들을 보면 내 마음도 괜히 우울해진다.

국민학교라고 불리던 초등학교 시절, 학교에서 돌아와 집 문을 들어서며 '엄마!' 하고 불러서 아무 대답이 없으면 이유도 없이 눈물이 핑 돌던 그런 시절이 아직도 내 마음 어딘가에 남아 있어서 그런 것인가?

아직 취학도 안 한 어린아이들에게 엄마 품을 대신하려는 학원버스가 괜스레 얄미워진다.

애로사항

 세상에는 수많은 종류의 직업들이 있다.
 어느 직업인들 마냥 좋기만 하고 애로사항 하나 없는 직업이 있겠는가.
 다 각기 나름대로 힘들고 어려운 점이 있을 것이다.
 그러고 보면 세상에 공짜 없다는 진리가 직업에서도 여실히 드러난다.
 어느 날 친구 한 명이 모두들 은퇴할 나이에 일을 시작한 나를 위로하려고 그랬는지 정말 궁금해서 그랬는지는 모르지만 경비 일을 하면서 가장 힘든 점이 무엇인지 진지하게 물어왔다.
 그때까지는 생각해 본 적이 없던 일이라 '글쎄?' 하고 말았지만 마음 속으로 '뭐가 가장 힘드나?' 하고 홀로 자문해 보았다.
 육체적으로야 못 견딜 정도의 힘든 일을 하는 직업은 아닌 것 같고, 아무래도 인간관계라는 것이 정답일 것이다.
 특히 입주민들과의 관계에서 일어나는 문제들이다.
 아파트의 입주자 동대표들이나 입주민단체 간부들

의 도가 넘는 질책인, 소위 갑질이라고 불리는 일은 많이 줄어들었지만, 아무래도 내 돈으로 당신들 봉급을 준다는 고용주 입장으로 대하는 입주민들의 고자세에 가장 상처를 많이 받는다.

한 번은 분리수거장에 음식물과 생활 쓰레기가 함께 든 봉투를 투기하고 가는 주민에게 분리수거를 요청하였다.

그런데 "이렇게 버리시면 안 되지요." 한 내 말꼬리를 잡고 경비원 주제에 자기를 가르치려고 한다며 오히려 큰소리를 치는 것이었다.

마지못해 분리수거 흉내만 내고 돌아서 가며 혼자말처럼 하는 마지막 말에 내가 이 일을 계속해야 되나 하는 자괴감까지 들었다.

'나이 먹어 경비원이나 하는 주제에…'

내가 아는 선배 한 분도 경비를 시작한지 한 달도 안 돼 일을 그만둔 사연도 비슷했다.

어느 날 점심식사 후 자기도 모르게 잠시 졸았는데 때마침 경비실 앞을 지나가던 동대표가 '나이 먹어 노후대책 해 놓지 못해 경비를 하면 일이라도 똑바로 해라'는 질책에 당일로 그만두었다.

그런데 선배가 동대표에게 한 말이 걸작이다.

'여보 동대표님 당신 재산세 얼마나 내는 거야?

내 거랑 비교해서 더 많이 내는 사람에게 재산 다 몰아 주기 할까?

아파트 동대표가 무슨 벼슬인지 아는 모양일세.'

사실 그 선배는 알아주는 알짜배기 땅 부자였다.

가끔 일어나는 이런 일은 그래도 어찌어찌 넘기지만 정말 힘든 일은 한밤중에 일어난다.

모두가 잠든 새벽 한두 시에 비상 인터폰이 울리면 대부분의 경비원들은 울고만 싶어진다.

경비들의 취침시간은 밤 열두 시부터 새벽 다섯 시 반까지 다섯 시간 반이지만 그 시간을 다 자는 경비는 없다.

열두 시가 되면 종일 흘린 땀도 씻어야 하고 경비실 청소라도 하고 나면 한 시간은 쉽게 흘러 버린다.

그리고 기상 시간도 다섯 시 반은 어림도 없다.

경비원들의 당일 마지막 업무인 출입구 소등을 하려면 여름에는 늦어도 네 시 반을 넘어서는 안 된다.

그렇게 겨우 서너 시간 자는 쪽잠에 울리는 비상 인터폰은 야속하기 그지없지만 받지 않을 수 없다.

열에 아홉은 오작동이지만 만에 하나 진짜로 비상사태가 발생할 경우를 대비하지 않을 수 없기 때문이다.

일단 벨이 울리면 반 실신 상태로 눈을 비비며 해당 호를 호출해서 경우를 확인한다.

이때 쉽게 호출을 받아 주면 다행이지만 수차에 걸친 호출에 응하지 않으면 옷을 다시 주워 입고 해당 아파트를 방문해서 확인해야 한다.

그런데 오히려 '왜 잠을 깨우는 거냐?'며 화를 낼라치면 울어야 할지 웃어야 할지 답이 없다.

그 중에도 가장 황당한 경우는 새벽에 위층의 층간 소음을 단속해 달라는 요청이다.

생각해 보라 새벽 한두 시의 층간 소음은 거의 다가 가정불화의 경우다.

위층에서는 잔뜩 열을 받아 난리가 나 있고 아래층에서는 계속해서 '왜 층간 소음을 단속해 주지 않느냐?'고 성화를 부리시면 경비들은 어찌하면 좋나요?

그럴지라도 경비라는 직업도 스스로가 자긍심을 가지면 그 어떤 직업보다도 의미 있고 보람 있는 직업이 된다.

깊은 밤 화마에서 많은 사람들을 구한 경비원, 홀로 있는 독거노인을 위급사항에서 구하는 등의 사례도 적지 않으니 말이다.

비지땀 흘리며 일하고 있는데 시원한 생수 한 병을 손에 쥐어준 초등학생 정한이, 연아를 데리고 유치원 가는 길에 언제나 '수고하시네요.

고맙습니다.
연아야!
경비 할아버지께 인사드려야지' 하는 연아 엄마의 밝은 미소는 오늘도 경비원들을 지탱하게 하는 힘의 원천이 된다.

강심장

 말이 좋아 강심장이지 실은 무법자, 무뢰한 이야기를 하려 한다.
 예부터 우리 마을, 우리 동네 사람들은 이웃사촌이라고 하여 멀리 있는 친형제 못지않게 중요하게 생각하며 살았던 것이 우리네 정서 아니던가.
 그런데 이웃사촌까지 바라지는 않더라도 이웃에 피해를 주고 불편을 주는 일은 사회규범을 넘어 일종의 범죄에 속한 일일 것이다.
 이른 아침에 출근해 보니 파트너 이 선생 눈이 퀭하다.
 무슨 일 있나 싶어 물어보니 말하기도 힘 드는지 경비실에서 조금 떨어진 차도를 손으로 가리킨다.
 가까이 가 보니 덩치가 큰 고급승용차 한 대가 회전하는 차도를 가로막고 주차되어 있다.
 그 도로 너머는 수십 세대가 살고 있는데 차들이 오도가도 못하니 오밤중부터 계속되는 주민들의 항의로 한숨도 못 잤다고 한다.
 차에는 전화번호도 부착되어 있지 않아 할 수 없이

깊이 잠든 관리실 숙직 직원을 깨워 차량번호를 조회해 보아도 등록되지 않은 차량이라 속수무책이다.

  급히 나가야 되는 차, 들어가는 차마다 경비실을 찾아와 항의를 받다보니 이 선생은 사람들에게 시달려 파김치가 되어 있다.

  물론 잠도 한숨도 못 잤다고 한다.

  내가 가서 밀어 보아도 핸드브레이크마저 채워져 있어 어찌할 방도가 없다.

  그런다고 그 차를 견인할 수도 없고 범칙금을 물릴 수도 없다. 하기사 경비원들에게 그런 권한이 있으면 이런 무례한 일을 하지도 않았겠지.

  이제는 출근시간까지도 주인이 나타나지 않으면 어쩌나 걱정이 앞선다.

  인근 백여 세대를 일일이 방문해서 확인해야 한다는 말인가? 벌써 서너 대의 차들은 출근하지 못해서 방방 뛰고 있다.

  하늘이 도왔는지 때마침 지나가는 주민이 담배 피우러 나온 길에 보니 저 차 주인 새벽 한 시경에 60*동 8층에서 내리는 것 같더라 일러 준다.

  삼 년 대한 가뭄 끝, 단비 같은 소식에 단걸음에 쫓아 올라갔다.

  한 층에 두 집뿐이니! 첫 집은 모르는 일이라 하니

다음 집이다.

  마음을 크게 먹고 호출을 하였다.

  그런데 정작 당사자는 너무도 당당하다. 기다리던 주민들의 빗발치는 항의에도 "지금 차 빼러 왔자나요!" 한마디 하고는 차를 몰고 가 버린다.

  모두들 닭 쫓던 강아지마냥 멍하니 바라보다 화살이 경비원인 나에게로 향하여 한마디씩 한다.

  "경비 아저씨 차량 관리 좀 잘하세요!"

  " 다음에도 또 그러면 바퀴에 펑크를 내 버리세요!" 어제 나는 근무하지도 않았지만 그저 죄송하다며 고개를 숙일 수밖에.

  또 이런 일이 있더라도 펑크를 내 버릴 수도, 견인도 할 수 없을 터이니 어쩌면 좋다는 말인가?

  민족의 명절 중추절이 낼 모랜데 그 정겹던 이웃사촌들은 다 어디로 가 버리고 나 홀로 여기서 이렇게 혼나고 있는 것인가?

수거장의 대형폐기물

 분리수거장에 부피가 큰 생활용품을 버리려면 '대형폐기물 처리 스티커'를 붙여서 버려야 한다.
 폐기물 크기와 무게에 따라 개당 가격이 천 원부터 만여 원까지 다 다르다.
 그런데 몰라서 그런지, 일부러 그런지는 몰라도 스티커 없이 버리는 경우가 종종 있다.
 그러면 수거 업체가 가져가지 않으니 그 처리는 경비원들의 몫이다.
 한두 개면 몰라도 한 달이면 수십 개가 그러하니 솔직히 박봉의 경비원들에게는 상당한 부담이 되지 않을 수 없다.
 대부분은 경비원들이 자체 처리를 하나 도저히 묵과할 수 없는 경우도 있다.
 그런 경우에는 관리실의 허가를 얻어 CCTV를 열어 불법투기자를 찾아낸다.
 불법투기자 대다수가 갖가지 변명은 하지만 결국 수긍하고 후처리를 한다.
 그러나 가끔 끝까지 모르는 일이라 부인하는 비양

심적인 사람들도 있다.

  버리는 사람 사진까지 확보하였다고 하여도 '니들 알아서 하라'는 식이다.

  이러면 참 막막하다.

  이런 경우는 관리실 경비로 처리하니 개인이 지불하여야 할 경비를 결국 주민 전체가 나누어 부담하는 꼴이다.

  이도 자주 하면 경비원의 능력 부족으로 지탄받기 쉬워 울며 겨자 먹기로 대부분은 경비원들의 몫이 되고 만다.

  하루는 분리수거장에 이불 십여 채가 내팽개쳐 있었다. 이게 웬일인가 싶어 상세히 살펴보니 환자가 사용한 듯 각종 오물들이 곳곳에 묻어 있었다.

  아마도 사용한 사람이 돌아가시거나 거처를 옮기자 불법 투기한 것 같았다.

  한두 채가 아니어서 관리실 허가를 얻어 CCTV로 확인을 해 보니 차량으로 내다 버리는 것이었다.

  카메라 각도 때문에 차 번호는 확인할 수가 없었다.

  각 동 출입구와 엘리베이터를 확인해도 투기한 사람을 찾을 수가 없었다.

  이런 경우는 버리는 이가 입주민인지 외부인인지는 몰라도 밖에서 반입하여 투기한 경우이다.

결국 확인한 사람은 찾지 못했다.

대신 투기한 시간과 차량 종류 등을 명기하여 자진 신고 해 달라는 경고장을 만들어 분리수거장에 부착해 놓았다.

사흘 후 정문 경비초소에서 연락이 왔다.

어떤 이가 이불을 처리해 달라며 이만 원을 두고 갔다고. '범인(?)은 반드시 사건 현장으로 되돌아온다.'는 말을 들었는데 정말 그런 모양이었다.

정문 근무자가 '어느 수거장이냐?'고 물어도 모르는 걸로 미루어 우리 아파트 입주자가 아닌 것 같았단다.

각종 오물이 묻은 이불을 버리고 사흘 후 어찌 되었나 확인차 와 보았더니 자신이 버린 시간과 차량 색등이 적혀있는 경고장을 보고 돈을 두고 간 것이었다.

동료들 중에는 무단 폐기물 투기로 신고하자는 의견도 있었지만 내가 말렸다.

고무장갑과 토시 등으로 완전무장(?)을 하고 오물 묻은 이불 등을 처리하면서 누군가는 누군가가 저지른 허물과 부끄러움을 치우고 정리하는구나, 하는 생각이 들었다.

세상에 치워야 할 것들이 비단 불법투기된 이불뿐이겠는가!

나의 삶 중에 내가 지어 놓고 투기한 부끄러움과 허물은 어디에서 누가 치우고 있는 것일까?

명절

 추석 한가위가 낼 모래로 다가왔다.
 전대미문의 '코로나'라는 전염병으로 예전만큼의 명절 분위기는 아니지만 그래도 주고받는 사람들의 인사에서 명절이 다가왔음을 실감케 된다.
 그뿐만 아니라 분리수거장을 가 보면 명절임을 실감하게 된다.
 평소 보다 서너 배의 빈 박스들이 가득이다.
 각종 과일들을 담은 종이박스, 생선과 육류 등을 담는 스티로폼 박스 등이 넘쳐난다.
 치우고 또 치워도 끝이 없다.
 힘은 들지만 이 어려운 시절에 서로 정을 주고받은 결과물이라 여겨져 아주 싫지만은 않다.
 그런데 한 가지 아쉬움은 대부분의 종이 포장지 내면에 들어있는 플라스틱이나 스티로폼 소재의 이중 포장지를 분리하지 않고 그대로 버리는 경우가 허다하다.
 수많은 포장지를 일일이 뜯어 정리하다 보면 짜증이 나기 마련이다.

게다가 금년에는 그렇지 않아도 일 많은 이 시기에 크린넷시설에 (*크린넷 시설 – 아파트 단지 내의 음식쓰레기와 소각용 쓰레기를 투입하여 원격으로 흡인하여 가는 시설) 하자가 발생하였다.

각 경비원에게 할당된 크린넷 시설 서너 곳의 쓰레기를 일일이 수거하여 지정된 장소로 운반하여야 하니 죽을 맛이다.

주민들이 지정된 장소로 직접 옮겨주면 좋으련만 방송을 하고 안내문을 붙여놔도 아직은 홍보가 덜 되었는지 운반해주는 주민은 한두 집뿐이다.

그러니 삼백여 세대의 음식쓰레기와 분리하기 힘든 소각용 쓰레기를 손수레를 이용하여 경비원들이 운반하여야 한다.

주민들 입장에서는 하루 한두 개지만 그걸 정리해야 하는 경비원들은 수백 개의 냄새나고 지저분한 쓰레기를 수시로 만져야 하니 괴롭기 그지없다.

하루는 이웃 동료의 크린넷시설 앞을 지나다 빵 터지고 말았다.

시설 앞에는 붉은 비닐 금줄이 처 있고 종이박스 뒷면에 큰 글씨로 "여그다 쓰레기를 놓지 마시랑께 욧!"라는 경고장(?)이 붙어있다.

칠십 후반의 연세에 얼마나 힘이 들었으면 하는 마

음이 절로 든다.

  이럴 때 요즘 젊은 애들은 웃프다고 하는 모양이다.

  주민들이 소속된 회사에서 그리고 근무지인 아파트 관리실에서, 아파트 단지 내에 있는 유아원에서도 작지만 선물을 보내왔다.

  그중에서도 가장 고마운 선물은 주민 한 분이 보내주신 사과 상자 선물이다. 나뿐만 아니라 동료 모두가 같은 마음이다.

  나는 아직 그분의 얼굴도 모르는데 설날 보내주신 쌀 한 포대에 이어 두 번째 선물이다. '여러분의 노고에 감사드립니다.'라는 글이 적혀 있다.

  감사의 마음을 받는 마음이 오히려 더 감사하다.

  천여 세대에서 단 한 분의 선물이지만 주민분들 모두가 우리의 노력을 인정해주시는 것 같아 모두에게 감사하는 마음이니 그분의 선물은 곱하기 천백여 배의 가치를 지닌 선물일 것이다.

  한가위 하루 전, 둥근 달님이 곱기도 하다.

동료

 한여름이 되었다.
 모두들 직장에서의 여름휴가를 이야기할 쯤, 경비원들의 침묵은 부러움이다.
 법적으로 정해진 월차, 연차를 사용하는 일도, 아니 애경사로 피치 못해 출근하지 못할 때도 동료들에게 눈치 보이고 미안한 직업이 경비직이다.
 사연인즉 세 명이 해야 할 일을 내가 쉬면 둘이서 해야 하기 때문이다.
 그래서 피치 못하게 결근할 적에는 자신이 받는 일당의 두 배를 주고 대타를 구하여 대신 근무시키는 직업이 경비직이다.
 오죽하면 경비 대타를 전문으로 하는 이들이 있을 정도다.
 어느 직업이든지 마찬가지겠지만 특히 경비직은 동료들과의 팀웍이 아주 중요하다.
 아주 가끔이지만 조금 정신적으로 안정되지 못한 사람들을 대처할 때도, 혼자 힘으로는 불가능한 대형폐기물 처리에도, 세대에서 긴급한 사항으로 방문

요청을 받은 경우에도(특히 요청자가 여성인 경우) 동료들의 도움은 절대적이다.

  나와 같은 근무조의 동료들은 두 명 다, 다행히(?) 나보다 연장자들이시다.

  평소 나는 나보다 연장자분들과는 관계 형성이 무난하나 연하들과는 좀 서툰 편이다. 못난 권위의식, 즉 젊은이들이 말하는 '꼰대' 의식 때문이다.

  그놈의 나이가 뭐라고. 쌍놈도 나이는 벼슬이라고 윗분들에게 들었던 교육이 요즘 젊은이들에는 씨도 안 먹히겠지만 쉽게 변하지 않는다.

  이제 나도 변하지 못하는 굳어버린 시멘트 나이가 되어 버린 모양이다.

  나보다 여덟 살 연장자이신 O형은 열두어 살부터 양복 일을 천직으로 해 오신 분이시다.

  언제부터인가 눈도 어두워지고 평생 해 오던 바느질도 손이 굳어 힘들어져서 은퇴하고 쉬고 계시다가 이 년 전부터 주위 권유로 경비 일을 시작하셨다.

  이 양반의 별명이 "내비둬유"이다.

  웬만한 일은 상대를 탓하지 말고 그냥 내비두자는 철학(?)의 소유자이시다.

  정성들여 정리해 놓은 투명 페트병 더미에 담배꽁초 등 오물이 잔뜩 든 이색(異色) 병을 버려도, 음식물 찌꺼기와 휴지를 뒤섞어 대형 비닐봉투에 버려도 버린 사람은 그냥 내비두고 손수 정리하는 거의 수도자 경지의 성품을 지니신 분이시다.

나보다 세 살 연장자인 우리 근무조의 반장인 L형은 반대로 열혈 울트라 파워 형이다.

조그마한 불의에도 참지 못하고 옳고 그름의 경우를 밝혀야만 직성이 풀리는 성품이고 보니 입주민들과의 마찰도 잦은 편이다.

이렇듯 아주 대비되는 성격임에도 불구하고 두 사람의 관계는 아주 '굿'이다.

역시 극과 극은 일맥상통하는 모양이다.

여기에 불도 물도 아닌 성격의 내가 합류하였다.

가끔 견해를 달리하는 정치 이야기를 할 때는 곧 싸울 듯 치열하지만 일상의 근무 중에는 모두가 부러워하는 명콤비들이다.

젊은 시절 벌크선 선원으로 오대양을 누비며 만났던 인연(?)들을 자랑할 때의 L형의 어깨는 하늘로 치솟은 범선의 돛처럼 금방이라도 저 망망한 바다로 출항할 것만 같다.

늘 긍정적이고 밝은 O형이지만 여러 여건 때문에 아직 혼인시키지 못한 사십 넘은 두 아들들 이야기할 때는 모두의 가슴이 무겁게 내려앉는다.

박봉의 고된 직업이지만 전국의 경비원 모두가 자신들의 직업에 긍지를 갖는 세상이 하루속히 오기를 오늘도 기원해 본다.

가을비

 이슬이 맺힌다는 한로가 대엿새 전인데 오늘은 가을을 재촉하는 비가 내린다.
 "아무짝에도 쓸데없는 가을비가 내린다"고 반장이 구시렁거린다.
 봄에 이어 두 번째로 하던 제초작업 중에 내리는 가을비가 못마땅한 모양이다.
 서둘러 작업을 마무리한다고 하였으나 이미 몸은 흘린 땀과 가을비로 젖을 때로 젖었다.
 경비실로 돌아와 새벽 분리수거장 순찰 중에 주어온 라디오를 켰다. '눈물 같은 이슬비~~' 때마침 배호의 묵직한 저음의 목소리가 내리는 비를 타고 흐른다.
 씻는 것도 뒤로 미루고 따뜻한 커피를 한 잔 타서 창 앞에 앉았다.
 제법 서늘한 바람과 조금 더 거세져 가는 빗줄기에 나뭇가지가 부르르 몸을 떤다.
 흔들리는 나뭇잎 따라 내 몸도 떨리고 마음도 빗물 따라 흐른다.

초등학교 때, 커다란 눈에 늘 눈물이 고인 듯 슬퍼 보이던 순인 가을이면 두 볼이 사과처럼 붉게 물들었다.

중학교 시절 당시로는 남자가 한다는 것 자체가 웃음거리였던 발레리노 백윤수. 못된 친구들이 '백여시'라고 놀릴 때 그 아이의 눈은 창밖 떨어지는 낙엽을 따라, 먼 우주를 항해하는 듯 교실에서, 현실에서 멀어지고는 하였다.

고등학교 시절, 지각하는 날이면 어김없이 길에서 마주치던 그 여학생의 목에는 아직 이른 가을인데도 늘 흰 손수건이 감겨 있었고 내리깔은 눈에는 알 듯 모를 듯한 미소가 흘러, 지나친 뒤에도 두어 번은 뒤돌아보게 하였다.

그러고 보니 그 아이는 날마다 지각을 하였나 보다.

대학교 이 학년 새벽에 급성 충수염이 발병하여 급한 김에 집 앞 산부인과에서 수술을 받았다.

어찌 소식을 들은 한 여학생이 병문안을 왔다 갔는데 며칠 후부터 그 여학생이 산부인과에서 수술을 받았다는 흉흉한 소문이 떠돌았다.

나와는 전혀 특별한 관계가 아닌지라 사실은 내 병문안을 왔었노라, 내가 나서 변명을 하였더니 이제는 아무개와 아무개가 산부인과에서 어찌하였노라는 완전체 소문이 만들어져 떠돌았다.

결국 그 여학생은 서울로 대학을 옮겼다.

이듬해 봄 당시 유행하던 안약 회사의 '예쁜 눈 콘테스트'에서 대상을 받아 커다란 눈을 클로즈업한 그 여학생의 얼굴 사진을 신문에서 보았다.

서울로 떠나기 전 플라타너스 낙엽이 뒹굴어 스산한 캠퍼스 산책로에서 우연히 마주친 그 여학생의 눈에 담긴 이야기는 원망이었을지, 또 다른 의미가 있었을지 아직도 알지 못한다.

"따르릉, 따르릉" 요란하게 울리는 비상벨이 오십여 년 전의 시간을 거슬러 간 나를 순식간에 호출한다.

"자장면 배달 왔어요. 출입구 문 좀 열어 주세요."
아무짝에도 쓰잘떼기(?) 없는 가을비는 잦아들었으나 더 거세진 바람이 텅 빈 가을 공터에 가득이다.

반도 마시지 못한 채 손에 들린 커피 잔은 벌써 차갑고 말라가는 몸은 부르르 떨린다.

이렇게 또 한 해의 가을을 맞이하는 나는 지금 경비원이다.

경비실 정치토론

 연휴라는 말은 경비원들과는 전혀 무관한 딴나라의 사치스런 단어다.

 모든 직장인들은 황금처럼만 보이는 오 일간의 추석연휴를 끝내고 일상으로 돌아왔다.

 이후, 어디를 가던 사람들의 주된 대화는 반 년 후로 다가온 대통령 선거 관련 이야기뿐이다.

 추석 밥상에서도 여야가 있어 목소리가 커지고 얼굴을 붉혔다는 뉴스가 있을 정도이니 우리나라 사람들의 정치에 대한 열정은 참으로 대단하다.

 매일 아침 7시 반에 갖는 경비원들의 미팅 시간의 풍경도 예외는 아니다.

 당일 일과에 대한 전달 사항이 끝나면 차 한 잔 나누는 짧은 시간에도 정치 이야기는 시작된다.

 사람 서너 명의 이곳에도 여야가 있고 보수와 진보가 있기 마련, 상호 간의 열띤 주장이 뜨겁다.

 5·18 광주의거를 처음부터 끝까지 내 두 눈으로 직접 목격한 나는 누가 뭐라 해도 진보일 수밖에. 그런가 하면 칠십대 후반의 ㅂ형은 5살 어린 나이에 마루

밑에서 목격한 사실 하나로 조건 없는 최강의 보수지지파이다.

  칠십여 년 전, 중농이었던 집안에서 평생 일하던 머슴의 아들이 너무 똑똑해서 ㅂ형의 조부께서 주위 지주들의 조롱까지 받으며 머슴 아들을 한양으로 유학까지 보냈다.

  그런데 민족의 비극인 6·25 민족전쟁이 발발하고 공산치하가 되자 그 머슴의 아들이 붉은 완장을 차고 죽창을 든 사람들과 돌아왔다.

  그리고 자신을 공부시킨 어른에게 악덕지주라며 무릎 꿇고 자아비판을 하라 엄포를 놓았다.

  그럼에도 마지막까지 '사람의 도리를 모르는 모리배 놈들'이라고 호통을 치는 노인을 죽창으로 찔러 죽이고 ㅂ형의 아버지를 잡아가 버려 이후 생사가 영원히 불명이 되고 말았다.

  이 광경을 5살 어린 나이에 마루 밑에서 전부 목격한 ㅂ형 앞에서는 그 누구도 '공'짜나 '빨'짜는 언급해서는 안 되는 말이 되었다.

  요즘 모든 언론 매체를 뜨겁게 달구는 '고발 사주'나 '대장동 특혜' 역시, 나는 5·18로, ㅂ형은 마루 밑 광경으로 귀결되고 마니 경비원들의 아침 정치토론에 결론이 있을 수 없다.

때로는 이쪽, 때로는 저쪽, 시시때때 목소리 큰 사람 편에 서는 ㄱ형이 까닭도 없이 양편의 집중포화를 받기도 한다.

줏대도 없는 박쥐인간이라고. 이처럼 삼인 삼색의 한국 정치 현실을 뉘가 있어 정의는 이것이라고 딱 부러지게 말할 수 있으랴.

용호상박 큰소리가 경비실문을 넘어가니 길 지나가던 주민이 놀라 힐끔 경비실을 쳐다본다.

그래도 한 잔의 커피 잔이 마를 즈음이면 "오늘도 파이팅 하세나!" 하며 각자의 근무지로 떠나니 저어기 여의도 정치판보다 시골 아파트 경비실 정치판이 더 어른스러운 것 아닌지 모르겠다.

높으신 국회의원님들이 이 글을 읽지도 않겠지만 행여 듣기라도 한다면 '무식한 인간들이 주제를 모르고' 하며 짜증을 내시지는 않을지 걱정된다.

경비실 비품

 두어 평 남짓의 경비실도 사람이 사는 곳이라 사람 살아가는데 필요한 가지가지 것들이 다 필요하다.
 그래서 좁은 공간이지만 곳곳에 어지간한 것은 다 준비돼 있어서 경비실을 처음 온 사람들은 약간 놀라는 표정들이다.
 그런데 눈썰미 있는 사람들은 좀 이상한 점을 쉽게 발견할 것이다.
 그것은 거의 모두가 재활용품이라는 것이다.
 즉 입주민들이 사용하다 버린 것들을 주워다 사용하는 것이다. 그러다 보니 전기밥솥도 선풍기도 뭔가 한 가지씩은 하자가 있기 마련이다,
 그래서 사용 중인 것보다 조금 더 나은 것이 있으면 사용하던 것은 미련 없이 버리고 새것(?)으로 바꾼다.
 지금 사용 중인 커피포트는 이달 만 해도 벌써 세 번째다.
 그중에서도 내가 가장 득템한 물건은 구형 라디오다.
 족히 삼십 년 나마 나이 먹었을 낡은 라디오는 오

늘도 굳건하게 제목 모르는 피아노 소나타로 출근길을 반긴다.

외로운 경비실(?)에 동반자를 선물한 사람에게 차라도 한 잔 대접해야 할 터인데, 항간에 경비원 일 년이면 한 살림 차린다는 우스갯소리까지 있을 정도이다.

그만큼 우리네 살림살이가 풍족하다는 말도 될 듯싶다.

경비원 직을 하기 전에는 그냥 사람들이 하는 말이거니 했던 이야기들을 직접 목격하기도 한다.

한 번은 젊은 남자가 큼직한 프라스틱통을 들고 분리수거장에서 서성이고 있었다.

날 보더니 "아저씨 이건 어디다 버려야 하나요?" 내용물을 보니 아주 잘 곰삭은 묵은 김치였다. "이걸 버리려고요?" 통째로 얻어와 두어 달을 파트너 이형과 아주 맛있게 먹었다.

돈 주고도 못 살 깊은 맛이 담긴 묵은 김치로 한여름 없는 입맛을 살렸으니 그 김치를 보내 주셨을 어떤 분에게 감사해야 할지, 김치를 버린 젊은 부부에게 감사해야 할지 모를 일이다.

또 한 번은 이십여 개 든 두루마리 휴지 중에 한 개만 비어있는 휴지가 통째로 버려져 있었다.

누가 실수로 두고 갔나 싶어 '휴지 경비실에 있습

니다.'하는 메모를 두고 가져왔다.

　일주일이 지나도 찾으러 오는 사림이 없어 살펴보니 두루마리 휴지의 중간, 중간에 있는 점선의 가름선이 없었다.

　그것이 휴지를 통째로 버려야 하는 이유였는지는 모르겠다.

　우리가 대신 잘 쓰긴 했으나 좀 너무들 한다는 생각은 지울 수 없었다.

　중산층이 사는 임대 아파트 사정도 이러하니 수십 억씩 하는 고급 아파트의 사정은 어떨지 궁금하다.

　이십여 년 전 내가 중국에 처음 갔을 때 중국 사람들이 가장 궁금한 것 중 하나가 정말 한국 공용 화장실에는 휴지가 걸려 있냐? 라는 질문이었다. 그렇다는 나의 답에 되돌아오는 질문이 사람들이 왜 가져가 버리지 않느냐는 의문이었다.

　힘들고 어려운 시절을 살아온 칠십 대가 살아 온 삶과 지금의 젊은이들이 사는 삶이 다를 것이나 이런 기본적인 것마저 달라서 괴리감이 느껴진다고 하면, 하찮은 것 가지고 별말 다 하는 꼰대라고 놀릴까 싶다.

기습한파

 시월 중순에 느닷없이 한파가 찾아왔다.
 며칠 전까지만 하더라도 모두가 가벼운 차림으로 아직 가을조차 실감하지도 못하고 있었는데 한파주의보라니 좀 어이가 없다.
 아파트 정원수로 심어 놓은 은행나무는 말할 것도 없고 감나무, 복자기나무도 옷을 갈아입을 새도 없이 밀려온 한파로 일없이 몸만 떨고 있다.
 날마저 흐려 곧 비라도 뿌릴 것 같은 오후 무렵 칠십대 후반의 노인이 경비실로 찾아 왔다. "여기 달력이 있나요?" 좀 뜻밖의 질문에 재차 물어봐도 달력을 찾는다. 의아했지만 경비실 안으로 모셔 달력을 보여 드리는데 달력은 보지 않고 경비실 내부를 샅샅이 둘러보며 참견을 한다.
 '아 잠은 저기서 자나요?' '밥도 여기서 해 먹어요?' "달력 필요하지 않으시나요?" 하는 내 채근에 '아, 달력!' 하시더니 전달 달력을 뒤적이신다. "아무래도 내가 날짜를 착각한 것 같네?" "네?" "우리 집에 음력 달력이 없어 집사람 제삿날을 착각한 것 같구먼, 어허!" 하는 표정에는 나누고 싶은 이야기가 가득 들어 있는 듯하였다.

 허나 경비실 관리규칙이 외부인 입실이 금지되었고 나도 곧 순찰을 나갈 시간이라 야속하지만 차 한 잔도 권하지 못하고 돌려세울 수밖에 없었다.

 한 시간 가까이 걸리는 순찰을 마치고 돌아오는데 좀 전의 그 노인이 차가운 바람만 가득한 야외 휴게소 벤치에 홀로 앉아 있었다.

 나도 모르게 그쪽으로 발걸음이 향하여 두어 걸음 다가서다 이내 돌아서고 말았다.

 칠십 년만의 한파라는 이 추위보다 훨씬 더 추울 것 같은 그이의 이야기를 들어줄 자신이 없었기 때문이다.

 우리의 삶에 언제인가 한 번은 마무리라는 한파를 맞이해야 한다.

 그러나 예고도 없이 찾아오는 한파보다는 준비할 시간을 주는 한파가 그이에게도 나에게도 오기를 진심으로 바래 본다.

 수천 명이 살고 있는 공동주택이 오늘은 공동묘지처럼 공허하기만 하다.

경비원의 주말

 하루 일하고 하루 쉬는 경비원들의 근무 상황으로만 보아서는 주말이라는 단어는 불필요한 단어이다.

 그래도 주말 즉 토, 일요일은 심리적으로 조금 더 편안한 날이다.

 경비원들의 관리 주체인 아파트 관리소장 휘하 전 직원이 당직 기사 한 명만 근무하고 모두 쉬기 때문일 것이다.

 평소 관리실에서 경비원들에게 특별하게 대하는 것은 아닐지라도 말이다.

 우리가 근무하는 아파트는 경비원들에 대한 예우가 매우 좋은 편이다.

 나는 처음 근무해 보는 일이라 잘 모르지만 다른 곳에서 경비직을 해 본 경험이 있는 동료들의 평이 그렇다.

 그런 만큼 더욱 충실하게 근무하자는 매우 바람직한 근무 자세의 분위기가 이곳 전 경비원들에게 충만하다.

 관리소장의 관리지침이 '자기가 맡은 일은 스스로

알아서 충실히 하고 그에 대한 책임을 지자'이다.

 그래서 그런지 매주 서너 번씩 회의라는 명목으로 관리소장의 긴 잔소리(?)를 들어야 하는 다른 아파트보다 전 근무자들 간의 관계가 매우 친밀한 편이다.

 각설하고 경비원들의 주말은 심리적으로는 편하나 몸은 더 힘들다.

 이유는 각 가정에서는 대부분 주말을 이용하여 분리수거를 실시하기 때문에 쓰레기가 평소보다 두 배 정도 더 나오기 때문이다.

 부부가 함께 출근하는 가정이 대부분인 현실에서는 매일 매일 쓰레기를 정리하는 것 또한 일인 모양이다.

 토요일 오전 또는 일요일 오후에 전 가족이 모두 함께 쓰레기를 들고나와 종류별로 분리수거를 하며 오순도순 대화를 하는 모습은 참 다정해 보여 보기가 좋다.

 내 눈에만 그리 보인가는 모르겠지만. 시월 중순에 영하까지 내려갔던 기습 한파가 슬며시 물러갔다.

 은행나무 잎이 노란색을 띄기 시작한 가을하늘이 높은 전형적인 토요일 오후, 한 가족이 모두 두 손 한가득 봉투들을 들고 분리수거장에 들어섰다.

 그 가족이 돌아간 뒤 분리수거장을 둘러보니 내가

만들어 놓은 부활도서관(?) 책장 위에 장난감 몇 개가 놓여 있다.

크고 작은 자동차 서너 개와 인형들이다.

그동안 자기들을 아껴 주었던 손을 떠나 이제 새로운 벗이 찾아 주기를 바라며 기다리는 모습들이 태워질 폐플라스틱 더미에 묻혀 있는 것보다 훨씬 더 다행스러워 보인다.

부활은 신앙 속에만 있는 것이 아닌 모양이다.

저기 놓여 있는 자동차와 인형들이 지금까지처럼 앞으로도 누군가에게 사랑 받기를 바라면서 분리수거장을 나서는 경비원의 시간이 맑고 높은 하늘을 유유히 흐르는 저 구름처럼 참으로 한가로운 주말이다.

자신만의 왕국

 사람들은 모두 자기만의 왕국이 있다.
 아니 있어야 한다.
 그곳은 음치일지라도 마음 가는 대로 노래도 크게 부르고, 트림도, 방귀도 시원하게 내놓을 수 있는 곳이어야 한다.
 그러한 자기만의 영역이 없는 사람은 참으로 불행할 것 같다.
 그런 관점에서 볼 때 인간은 사회적인 동물이기도 하지만 때로는 홀로 보내는 시간과 장소가 있어야 하는 외톨이 동물이기도 하다.
 금장된 책으로 가득 찬 서재 같은 사치스러운 곳이 아닐지라도, 집안에서는 주방 구석진 곳 한 편이나 베란다 끝 어느 한 곳을, 직장에서는 사람들이 사용하지 않는 곳을 찾아 스스로 여기가 내 왕국이라고 생각하면 될 일이다.
 그런 점에서 경비원들은 행복하다.
 힘들게 일을 하다가도 한두 평의 경비실에 들어와 따끈하고 달콤한 믹스 커피 한 잔을 들고 낡은 라디오를 살렸을 때 귀에 익은 곡이 들려오면 이유 모를 행복이 슬며시 올라온다. 더하여 창밖에 비가 내리거나 오늘처럼 낙엽을 날리는 바람이 소슬하게 불어오면 잠시나마 행복했던 시절로의 추억 여행을 떠날 수 있으니 어찌 행복하지 않겠는가!

이때 주의 사항이 있다.

최근 경비실에 비치되기 시작한 텔레비전은 절대 아니다.

귀뿐 아니라 눈까지 빼앗기면 나만의 의식, 사람들이 사유라고 부르는 나만의 생각이 사라져 버린다.

그리고 미안하지만 눈 내리는 날도 아니다. 새하얀 첫눈이 소복이 내리는 날을 그 누가 싫어하리오 만은 경비원들은 아니다.

그 눈을 다 치워야 한다는 현실이 아스라한 추억 속, 첫눈이 내리는 날 우체국 앞에서 만나자던 그녀와의 약속을 곧 지워버리기 때문이다.

그리고 또 한 가지 새콤 씁쓸한 원두커피보다는 달콤한 다방 커피가 더 제격이다.

설탕의 단맛이 우리 뇌 속에서 도파민인가, 세로토닌인가 하는 행복 물질을 만들어 주어서 그러는가 보다.

나만큼이나 낡은 라디오에서 비발디 사계 겨울 1악장, 솔로 바이올린 연주가 끝나자 클래식 왕초보인

나도 들어 본 적 있는 주페의 경비병 서곡이 힘차게 흘러나온다.

자리에서 벌떡 일어나 두 팔을 휘저으며 오케스트라 지휘를 신나게 하고 있는데 뭔가 뒤통수가 좀 허전하다.

뒤돌아보니 등 뒤쪽 경비실 창문 밖에서 젊은 여성 한 분이 문을 두드리고 있다. "죄송해요 제가 방해했지요? 그런데 옷을 얇게 입고 나와 너무 추워서요. 선풍기를 분리수거장에 내놓았는데 어떻게 해야 하나요?"

"어이쿠 죄송합니다. 이천 원 스티커 붙이시면 됩니다."

"녜~, 지휘 잘 하시던데 계속하세요."

그녀는 언제부터 창밖에 서 있었던 것일까?

이렇게 나만의 왕국 경비실에서는 봄, 여름, 지나고 가을이 흘러가며 겨울이 다가오고 있다.

오만(傲慢)의 대가

 경비원들은 가끔 경비원의 격을 높여(?) 탐정 역을 맡기도 한다.
 분리수거장에 대형폐기물을 폐기물 수거 스티커 없이 내놓거나 습관적으로 분리가 전혀 안 된 쓰레기를 던져 놓은 입주민들이 종종 있다.
 이럴 경우 관리실의 허락을 받아 CCTV를 켜고 범인(?)을 수색하는 탐정업무를 시작한다.
 먼저 분리수거장 CCTV에서 시간을 확인한 후 엘리베이터의 CCTV를 확인하여 동 호수를 가려낸다.
 거의 백 프로 불법 투기자가 드러나지만 가끔은 눈이 시릴 정도로 화면을 들여다봐도 못 찾는 경우가 있다.
 소위 지능범들이다.
 방법은 폐기물을 일단 지하 주차장으로 가져가서 차에 싣는다.
 그리고는 자기집 동과 멀리 떨어진 분리수거장으로 가서 CCTV 사각지대에서 버리기 때문에 투기자 찾기가 여간 어려운 일이 아니다.

이런 경우 각 초소가 합동수사를 시작한다.

우리 경비조의 O형은 범인(?)을 수색하는 특별한 재능이 있어 우리가 합동수사본부장이라는 거창한 직책을 붙여 주었다.

다른 사람이 다 포기해도 그는 포기를 모른다. 날밤을 꼬박 새워서라도 찾아내고야 만다.

어느 날 대형 일반 봉투에 음식물 찌꺼기, 화장실 휴지, 각종 비닐 등 온갖 쓰레기가 세트로 들어 있었다.

두어 시간을 헤매도 못 찾고 있는 것을 우리의 본부장님께서 단번에 찾아내신다.

좁은 산책로를 두고 마주한 옆 아파트 주민이 우리 아파트까지 가져와 투기한 것이었다.

분리수거를 하기 싫어 옆 아파트까지 와서 버린 사람, 그 사람은 도대체 어떤 사람일까 참으로 궁금하였다.

또 한 번은 작은 물건도 아닌 제법 큰 진열장이 무단 투기 되어 있었다.

분리수거장에서는 시간 확인이 되는데 아파트 12동 전체를 다 뒤져도 보이지 않았다.

서너 시간을 CCTV 화면에 얼굴을 붙이고 있었더니 눈도 시리고 머리도 어질어질하고 속을 속대로 뒤집혀 안달이 났다.

오천 원이 아까워 박봉의 경비원에게 덮어씌우는가 싶으니 더욱 미워졌다.

 수사 본부장을 초빙하여 수사를 해 보았다.

 본부장의 결론이 완전 지능범의 행위로 영원 미제 사건으로 남을 것 같다는 것이었다.

 시청에서 대형폐기물 수거까지는 아직 사흘이 남아 있었다. 커다란 종이박스를 뜯어 매직펜으로 큼직하게 '오천이 그렇게 아까웠나요? 오천 원 아끼니 기분 좋습니까?' 하고 써서 스카치테이프로 꽁꽁 붙여 놓았더니 조금 기분이 풀리는 것 같았다.

 다음 날 아침 일찍 오십은 넘어 보이시는 여자 한 분이 내가 써 놓은 박스 종이를 들고 경비실로 찾아왔다. " 저기 경비 아저씨가 제가 오천 원 드리고 이 종이는 버리면 안 될까요?" "진열장 버리신 분이세요?" "내가 버리지 않았지만 저도 이 아파트 입주민인데, 좀 그러네요." 순간 뒤통수를 한 대 맞은 것 같은 기분이었지만 자존심상 그냥 '네' 할 수는 없었다. "제가 오천 원이 아까워서 그런 것만은 아닌데요…" "알아요. 아저씨들께서 늘 수고하신다는 거, 이번만 봐주세요." 오천 원과 박카스 한 병을 손에 쥐여 주고 웃으며 돌아가는 그녀의 뒷모습에 절로 고개가 숙여졌다.

그리고 나 자신에게 물었다, '오천 원이 그렇게 아깝더냐? 이 속 좁은 놈아!'

그런데 결정적인 일은 다담날 일어났다. 나이 지긋하신 노부부가 경비실 문을 두드렸다. " 저기, 이틀 전에 진열장 하나…" " 네, 오늘 시청에서 수거해 갔는데요. 왜 그러시지요?" "사실은 그 진열장 우리 건데요. 새것으로 바꾸고 배달한 이에게 치워 달라고 비용까지 지불하고 부탁했는데 무단 투기한 모양이네요.

아파트 젊은 입주민들이 운영하는 카페에 사진이 올라왔다고 딸이 사진을 보내와서 보니 우리 것이네요." 이번에는 여자분께서 고개를 숙이시며 젊잖게 사과를 하신다. "번거롭게 해서 죄송합니다."

그러면서 오천 원과 '비타 오백' 한 박스를 책상 위에 올려놓고 나가신다.

한 마디 설명도, 변명도 하지 못하고 두고 가신 음료수 박스만 쳐다보았다.

언제쯤 이 부끄러움이 가셔서 저 음료수들을 마실 수 있을 것인가?

시말서

 시말서의 뜻을 찾아보면 어떤 일이 잘못되었을 때 그 일의 경위를 서면으로 적고, 같은 잘못을 저지르지 않겠다고 서약하는 것을 이르는 일본식 한자어라고 기록되어 있다.
 그런데 경비원들에게 이 단어는 금기어이다.
 경비원들이 소속된 인력 회사들 대부분은 경비원 채용 시에 시말서 두 번 또는 세 번이면 자동 해임 된다는 각서를 받고 있기 때문이다.
 솔직히 남들에게 내세울 만한 직업은 아닐지라도 소속된 곳에서 쫓겨난다는 것이 반가울 사람은 없을 것이다.
 더욱이 경비라는 일이 생활권 인근에 취업할 수밖에 없는 직업인지라 한 곳에서 쫓겨난 사람은 곧 소문이 나서 다시 경비원으로 취업하기가 거의 불가능하기 때문이다.
 경비원이 잘못해서 시말서를 쓴 경우라면 말할 것이 없겠지만은 정말 억울한 경우로 시말서를 강요당해도 어디 한 곳 하소연할 곳 없는 경비원들의 현실이 참으로 답답하다.

  엊그제 O형에게 일어난 일이다.

하루 외곽 근무의 마지막 업무가 지하주차장을 순찰하고 분리수거장을 정리하는 일이다.

  밤 열 시부터 시작해서 빨리 끝나면 열한 시, 쓰레기라도 많이 나오거나 입주민들이 분리수거를 하지 않고 방치해 놓기라도 하면 열두시가 다 되어서야 끝난다.

  일을 마무리를 하고 경비초소로 돌아오면 솔직히 녹초가 되는 일이 다반사다.

  그날도 O형이 일 마무리를 하고 경비초소로 돌아와 부어오른 두 다리를 다른 의자에 올려놓고 휴대폰을 열어 평소 좋아하는 트로트 가수의 노래를 들으며 잠시 쉬고 있는데 노크도 없이 경비실 문이 벌컥 열렸다.

  삼십대 후반의 젊은이가 "여보세요 경비원 근무 자세가 이게 뭐에요?" 하고 호통을 쳐댔다. 놀란 O형이 이런저런 설명을 하는데도 들으려고 하지 않고 "당신 이름이 뭐요?" 하는 막내아들보다 훨씬 젊은 애의 올림말도 반말도 아닌 어투에 O형도 "당신이 내 이름 알아서 뭐 하려고?" 하며 서로 언성이 높아졌다. "관리실에 당신 신고하려고." " 가서 신고해요. 관리실 가면 내 이름 있으니" 그 젊은이는 그 길로 관리실로 갔다.

 관리실은 당직자 한 명만 근무하는 시간이었는데도 당직자에게 관리소장과 직접 통화를 요구하였다.

 당직자가 내일 소장이 출근하면 보고하겠다는 설명도 무시하며 막무가내였다. 하는 수 없이 소장과 통화를 시켜 주었다. 장황한 언사로 민원을 접수한 젊은이는 결과를 자기에게 알려 주라며 돌아갔다.

 다음날 출근한 소장은 우리가 소속된 인력 회사에 사실을 알렸고 회사의 경비 담당 차장이 찾아왔다.

 어떤 경우라도 입주민과 다투지 말고 아무리 억울해도 참고 또 참는 것이 경비원의 첫 번째 의무임을 잊지 말라는 지시를 내리며 결과는 회사에 가서 알려 주겠다며 돌아갔다. 함께 이야기를 듣고 있던 L형도 작년에 자신이 시말서를 제출한 사연을 이야기하였다.

 아침 일곱 시도 채 되지 않았는데 칠십 대의 여자분이 경비실을 찾아왔다.

 D동 S호에 자신과 함께 가 달라는 부탁이었다.

 그곳에 사는 사람이 자신과 노인학교 친구인데 어제 아프다며 먼저 돌아갔는데 어제 저녁부터 오늘 새벽까지 전화를 받지 않아 찾아왔다며 무서워서 혼자 못 가겠다는 사연이었다. 행여나 싶어 입주민의 전화

번호를 받아 직접 해 보니 신호가 가는데도 전화를 받지 않았다. 놀라서 그 댁을 방문해 초인종을 몇 번이나 눌러도 대답이 없었다. 놀란 L형이 119에 전화를 하며 집 문을 발로 차대니 그때서야 "누구야!" 하는 날카로운 목소리가 들렸다.

그런데 막상 문을 열고 나온 사람은 오십 대의 여자였다. 여자 노인이 친구의 아파트 동을 착각한 것이었다. '엎친데 덮치더라'고 하필이면 그 집도 장애인 환자가 있었다.

새벽부터 벌인 소동에 그 집 항의가 장난이 아니었다. 아무리 사정을 설명해도 민원 접수를 하여 인력회사 간부와 L형이 찾아가 손이 발이 되도록 빌고서야 마무리가 되었다. 당연히 L형은 시말서를 제출하였고. 나중에 알고 보니 당사자 노인은 휴대폰은 집에 두고 자식들 집에 가 있었다.

과연 이런 일이 시말서를 쓸 정도의 일이냐는 의문을 가진 분들에게 확언드린다.

단 한마디도 보탬이 없는 사실이다.

L형의 이야기를 전해 들은 O형이 힘없이 한마디 한다. "만약 나에게도 그 젊은이를 찾아가 사과하라 하면 자신은 일 그만두겠다."

그러면서 나를 쳐다보며 심각하게 묻는다.

"어이, 김 형 경비들은 노조를 못 만드는가?"
"…"

 며칠 전 '대한민국은 강성노조가 나라 다 망치니 노조를 모조리 박멸해야 한다'고 열변을 토하던 O 형이었다.

아파트 어린이놀이터

 최근 차기 대통령선거 관련 내용이 점령해 버린 텔레비전에서 대선 관련 소식이 아닌데도 핫한 뉴스 하나가 있었다.
 어느 아파트 어린이 놀이터에서 놀고 있던 아이들을 입주민 아이들이 아니라는 이유로 관리실에 일시 가두고 주거침입, 기물파손인가 하는 죄목으로 고발한 어느 아파트 동대표에 관한 뉴스였다. 참 기가 막힐 일이다.
 '우리 동네, 우리 고장, 우리 마을' 등 나보다는 늘 우리를 먼저 생각하며 살았던 우리 민족의 정서가 언제 이렇게까지 삭막해졌을까를 생각하니 슬퍼지기까지 한 소식이 아닐 수 없다. 하긴 그런 못난이 하나 때문에 자책할 것까지는 없는 일이기는 하지만.
 아파트 놀이터는 아파트 아이들에게 주어진 유일한 해방공간이다.
 들과 내, 심지어는 제법 높이가 있던 뒷산까지, 마을 온천지를 내 집, 내 마당 삼아 뛰놀았던 우리의 어린 시절을 생각하면 그런 환경을 물려주지 못한 기성

세대의 일원으로써 아이들에게 미안한 일이 아닐 수 없다.

  아파트 어린이 놀이터는 아파트 어린이들에게 육체 건강을 위한 체력단련의 장이요, 친구들과의 친교를 나누는 사교의 장이며 스트레스(아이들이라 하여 어찌 나름대로의 스트레스가 없을 것인가!)를 해소하여 건강한 내일을 위한 기력 충전의 장소이다.

  또한 아파트 놀이터에서 들려오는 아이들의 밝은 미소와 함성은 보고 듣는 이들도 더불어 행복해지니 참으로 소중한 공간이 아닐 수 없다.

  칠 년 전의 일이다.

  당시 일터인 중국에서 거의 반 년 만에 귀국하여 가방만 던져 놓고 가장 먼저 달려간 곳은 그간, 늘 눈에 아른거리던 만 세 살 백이 손녀딸이었다.

  큰딸이 좀 늦은 나이에 혼인하여 큰 애를 낳고 거의 연년생으로 둘째를 낳아 두 아이 육아로 힘들어할 무렵이었다.

  그날도 지 동생만 돌본다고 어매에게 퉁을 부리다 꾸중을 듣고 있던 놈을 안고 옆 아파트 놀이터로 갔다.

  당시 딸은 아파트가 아니라 빌라라고 불리는 다세대 주택에 살고 있었다. 번잡한 동네에서 어린아이가 놀 만한 공간은 이웃 아파트 어린이 놀이터뿐, 달리

갈 곳이 없었다.

 아이를 놀리고 있으면서도 입주민이 아닌지라 눈치를 아니 볼 수 없었다.

 아이가 가장 좋아하는 그네도 다른 아이들이 기다리고 있으면 멀리서 눈치만 보다가 자리가 완전히 비어야만 태우는 등 여간 조심스러웠다.

 그날, 날씨가 몹시 흐리더니 이내 비가 한두 방울 떨어지기 시작하였다. "호야(외손녀 태명) 비 오신다. 집에 가자" 했더니 그 어린 것이 즈 어매 꾸중이 얼마나 서러웠던지 고개를 가로저으며 미끄럼틀 밑으로 들어가더니 우리 집에서 두고두고 유행어가 된 명언을 남겼다.

 "외할배 여긴 비 안 온다. 집에 가지 마알고! 여기서 우리 씩씩하고 용감하게 노을자." 그날 이후 '용감하고 씩씩하게'는 온 가족의 접두사 겸 접미사가 되었다.

 각설하고 요즈음은 아파트 어린이 놀이터에서도 아이들을 보기가 쉽지 않다.

 각종 이름의 학원에, 컴퓨터에 아이들을 양보한 아파트 어린이 놀이터는 그래서 그런지 늘 외롭다.

 이런 외로운 어린이 놀이터에 입주민 아이들이든 동네아이들이든 가리지 말고 용감하고 씩씩한 아이들의 웃음과 함성으로 가득 차기를 기다리는 경비원 할아버지의 바람이 간절하다.

아파트 택배기사

 경비원들이 업무상 가장 자주 만나는 이들이 택배기사들이다.
 특별한 배송 물건을 맡기거나 찾아가는 경우, 공동출입문을 열어달라는 일 등등, 그런데 택배기사들의 수입이 얼마나 되는지는 모르겠으나 우리 경비원들보다 훨씬 더 힘들겠구나! 하는 생각이 그들과 마주칠 때마다 들었다.
 택배기사들의 근무는 출퇴근이 없다.
 어떤 이는 새벽 네다섯 시에 또 어떤 이는 밤 아홉, 열 시까지도 일을 한다.
 또 특이점 하나는 택배기사들 중 나이든 사람은 보기 힘들다는 것이다.
 택배기사들 대부분은 젊은이들이다.
 잘은 모르나 일이 워낙 힘이 들기 때문에 그런 듯하다.
 한 번은 좀처럼 보기 힘든 오십 대로 보이는 택배기사가 밤 열시가 다 되도록 일을 하고 있었다.
 몹시 지쳐 보이는 모습이 안쓰러워 경비실에 들러

커피라도 한 잔 하라 권하였더니 고개를 숙여 인사를 하면서도 일 때문에 그럴 수 없노라 미안해하였다.

입동을 넘어 제법 쌀쌀한 날씨에도 땀에 젖은 그의 상의가 택배란 일의 고단함을 대변하고 있었다.

이런 모습을 가족들이 본다면 얼마나 마음 아플까 하는 생각에 가슴이 찡하였다.

이렇듯 열심히 살아가는 젊은이들이 이 땅에는 수도 없이 많을 것이다.

그런데 얼마 전 뉴스를 달궜던 화이트컬러 삼 년 근무에 오십억을 퇴직금인지 산재 보상금인지로 받은 또래 젊은이, 모 국회의원 아드님의 뉴스를 접하는 그들의 심정이 어떠했을까? 아무리 튼튼한 운동화도 한 달을 채 견디지 못하는 그들에게는 잔인한 뉴스가 아닐 수 없다.

이 차시에 말도 안 되는 말이겠지만, 한 가지 엉뚱한 공상을 해 본다.

국회의원을 비롯한 장차관 등 고위 공직자들의 자녀들과 고수익의 재벌 금수저 출신 자녀들에게 육 개월 정도의 택배기사를 의무화하는 법을 재정하는 것이다.

일정 수익을 내야 한다는 부칙과 더불어. 책임과 의무를 다하는 부자들도 사회로부터 존경받아야 마땅

하지만 더불어 땀 흘려 일하는 노동자들도 존중받아야 한다.

 일반대중들은 모든 부자들을 범죄자 취급하고 부자들과 권력자들은 힘없는 서민 대중을 자신들의 도구로 생각하는 사회는 생각만 해도 끔찍한 아비규환의 지옥이 아닐 수 없다.

 늘 홀로 다니던 젊은 택배기사의 차에 어느 날은 상당히 나이 든 이가 동반하여 일을 하고 있었다.

 나이 든 이는 차에서 택배 물품들을 정리해서 차에서 내려놓고 젊은이는 그 물건들을 들고 각 가정으로 운반하고 있었다.

 잠시 지켜보니 홀로 차 화물칸에 오르고 내리고 하는 것보다 훨씬 더 효과적으로 보였다.

 그럼에도 과연 둘이서 수지타산이 맞을까 하는 걱정이 더 앞섰다. 슬며시 다가가 그들의 대화를 엿들어 보니 아버지와 아들 사이였다. 아마도 아들의 고된 모습을 보던 아버지가 따라나선 듯하였다.

 다음날 다시 혼자 일을 하는 젊은이에게 "오늘은 혼자 일 하시네. 어제 그분은 아버지이신 것 같던데" "아, 예! 아버지도 매일 힘든 일 하시는 분이신데, 말려도 따라오셔서…" 한 달에 한두 번 쉬는 공장에 근무하는 아버지가 쉬는 날이면 택배 일을 하는 아들을 기어이 따라나선다며 젊은이는 얼굴을 붉혔다.

나도 내일 가려고 계획했던 낚시를 취소하고 중국에서 일하는, 책 좋아하는 아들에게 책이라도 몇 권 보내주고 한 시간 거리에 사는 딸을 찾아가 보리라.

겨울을 재촉하는 계절의 짧은 해가 붉은 낙조를 고층 아파트 벽에 기대며 저물어 가고 있다.

사직서

 11월도 어느 사이 다 지나갈 무렵의 어느 날 아침 미팅에 참석했더니 굳은 표정의 반장이 서류 한 장을 내밀며 작성하라고 한다.
 제목이 사직서였다.
 순간 기가 막혔다.
 아니 지금까지 시말서는 물론 주의 한 번도 받은 적이 없는데 느닷없이 사직을 강요하다니? 더더욱 아무런 설명도 없이 종이 한 장 내밀며 사직하라니 기가 막혔다.
 아무리 뜬구름 같은 직업이라도 사람 사는 도리는 있는 것 아니겠는가 말이다.
 서류를 한 자도 작성하지 않고 되돌려 주며 퉁명스럽게 물었다. "사유가 뭡니까?" 곁에 있던 O형이 미묘한 표정을 지으며 한마디 보탠다. "뭔가 찍혔나 보지 뭐" 이러는 사람이나, 침묵으로 시종일관하는 반장이나 이네들의 태도가 더욱 밉살스럽다.
 휴대폰을 꺼내 인력회사의 우리 담당 차장에게 전화를 걸었다. "여보세요?" 그 순간 놀란 반장이 전화를 빼앗아 가더니 끊어 버린다. "아이고 저놈의 성깔머리 하고는!" 하더니 책상 서랍에서 십여 장의 서류를 꺼내 보여준다. 자세히 보니 나 뿐 아니라 6명의 경비원 전원과 십여 명의 미화반 전원의 사직서가 작성되어 있다.

영문을 몰라 어리둥절하는 내 모습이 재미있는 듯 웃더니 설명을 한다. "우리 전부 계약기간이 연말로 완료되잖아."

그러고 보니 언제던가 근무계약에 대한 이야기를 대충 들은 적이 있었던 것도 같다.

금년 말까지 계약기간이 종료되니 당연히 사직서를 제출해야 하고 내년 근무 여부는 연말 경에 통보가 온다는 것이다.

그때 회사로부터 재계약 통보가 없으면 아무런 설명도 필요 없이 자동 사직 되는 것이다.

재계약 시즌이 되면 형편 상 일을 하지 않을 수 없는 분들의 스트레스는 보통이 아니라고 한다. 언제던가 근무지를 방문한 인력회사의 담당 직원이 지나가는 말처럼 '내년에는 나이에 칠자가 들어가신 분들은 모두 교체 하는 것이 회사의 기본 방침입니다'라고 말한 적이 있는지라 모두의 표정이 어둡다.

특히 초기라 할지라도 암 수술을 며칠 앞둔 O형의

굳은 모습에 해 줄 위로의 말을 찾지 못하고 밖으로 나왔다.

 때마침 스쳐가는 바람에 떨어져 날리는 저 마른 낙엽이 우리들의 모습이련가.

한 해를 보내며

 나이 들어가며 '세월이 빠르다! 빠르다!' 하며 살아왔는데 경비원 시절의 일 년은 전보다 훨씬 더 빨리 흘러가 벌써 세밑이 다 되었다.
 아무것도 모른 채 초조한 마음으로 출근한지 벌써 일 년이 다 된 것이다.
 그간 나는 무엇을 얻었을까? 이것저것 제하면, 월 이백이 될 듯 말 듯한 급료가 전부였을까? 며칠을 두고 곰곰이 생각해 보니 경비원 세월 일 년의 가장 큰 소득이 내 삶에서 힘을 빼야 하는 이유를 알았고 그 능력을 키웠다는 것으로 결론지었다.
 왜 그러지들 않던가! 골프를 치는 사람들이 힘을 빼는데 만 삼 년이 걸린다고! 멀리 보내고 정확히 치기 위해서는 억센 힘보다는 온몸을 부드럽게 만들어야 한단다.
 그런데 생각해보니 골프만 그런 것이 아니고 우리 삶 모든 것이 그런듯하다.
 글 쓰는 일 또한 같은 이치이다.
 글들을 읽어 보면 아무리 좋은 내용의 글이라도 작

가의 개성이 강한 글은 독자들의 공감을 얻지 못한다.

비록 깊은 철학적 사유의 결과물이라 할지라도 힘이 너무 들어간 글은 대중으로부터 환영을 받지 못한다.

그래서 예수님께서도 수많은 비유를 들어 가르침을 주신 것이리라는 생각이 들었다. 돌이켜 생각해보니 여태껏 나의 삶은 온통 힘으로 가득 찬 칠십 년 세월이었다.

어려서는 아니, 삼십이 넘도록 자식이 큰 벼슬이라도 된 양, 부모님들께 어린양만 부리며 살았고 누이들에게는 아들이라고 행세를 했으며 친구들과 인연이 있던 모든 주위 사람들에게는 천지분간 못하는 천둥벌거숭이 처럼 대했으니 이 부끄러움을 어찌하랴, 어디 그뿐이던가? 결혼 후 에는 마누라와 아들, 딸들에게 가장이 마치 왕 인양 행세해오지 않았던가.

그리고 그간 운영해 오던 사업장의 직원들에게도 그들의 땀 흘린 노력에 감사하는 마음보다는 많지도 않은 급료를 주면서 마치 내가 그들을 먹여 살리는 사람인 듯 대했으니 지난 나의 삶은 생각할수록 부끄럽고 부끄러워 고개를 들 수 없을 지경이다.

만약 그간 내 삶의 시간들을 힘을 뺀, 낮은 자세로 모두를 대하고, 주위에게 감사하는 마음으로 채웠더라면 훨씬 더 알차고 보람된 삶이 되었을 것은 자명

한 일이다.

경비원의 업무인 분리수거장에서, 주차장에서, 각종 민원을 제기하는 주민들에게 경비원이 마치 그들을 통제하고 관리하고 지도하는 사람인 양 대할 때는 늘 상대들과 마찰이 발생하였고 그로 인해 몸과 마음이 불편하기 그지없었다.

몇 번이고 '이놈의 일 내일 당장 때려치우겠다'를 되뇌이고 살았으니 이런 나를 지켜보는 가족들이나 만나는 주위 사람들도 모두 나보다 더 불편했을 것이다.

이제와 곰곰이 돌이켜 본 그간 일 년의 세월은 힘이 잔뜩 들어간 나,라는 무딘 쇠가 뜨거운 용광로에서 달궈져 불순물을 제거하는 뜨거운 시간들이었다.

물론 아직도 많이 부족하지만 일 년 전에 비하면 대단한 발전이 아닐 수 없다.

그 흔적이 지금 내가 하는 일이 처음과 달리 조금도 부끄럽게 생각되지 않는다는 점이다.

그래서 오랜만에 만난 이들이나 처음 만나는 이들에게도 스스럼없이 나는 경비 일을 하고 있다고 말한다. 때로 '네가 진짜 경비원을 해?' 하며 놀라는 이들에게 한 번 더 힘주어 말한다.

나는 씩씩하고 용감하고 멋진 경비원이라고!

재계약

 연말이 다가오면 계약직 근무자들은 굳이 말은 하지 않아도 모두들 긴장하기 마련이다.
 소속된 회사로부터 '그동안 수고하셨습니다.
 이번 달로 근무 완료되었습니다. 남은 기간 최선을 다해 주시기 바랍니다'라는 문자 하나로 해고되기 때문이다.
 회사 입장에서는 회사 나름 다 이유가 있기 때문에 재계약이 이루어지지 않는 것이겠지만 근무자로서는 황당하고 막막하기 이를 데 없다.
 어디 가서 누구에게 한 번 하소연 할 곳도 없다.
 특히 연로한 나이에도 일하지 않으면 안 되는 처지의 경비원들의 입장은 더욱 그러하다.
 대부분 칠십이 넘은 나이 때문에 더 이상 채용해 줄 곳이 우리 사회에서는 없다.
 이런 아픈 현실이 우리 팀에서도 일어나고 말았다.
 우리 중 가장 연장자인 O형이 정기 건강검사에서 전립선 이상 통지를 받고 정밀검사 후 전립선암 선고를 받았다.

다행히 초기 상태라서 수술만 받으면 괜찮다는 의사의 소견이었지만 고액의 수술비부터 모든 것이 걱정이 아닐 수 없었다.

 그중에도 가장 큰 고민이 만약 회사에서 이 사실을 안다면 근무 부적격자로 분류되어 재계약이 안 될 수 있기 때문이었다.

 칠십 후반의 나이이지만 아직은 더 일을 해야만 하는 형의 형편에서는 참으로 난처한 일이 벌어진 것이다.

 상세한 이야기 전에 우리나라 보험 관련 이야기부터 좀 해보자. O형은 암 보험을 들어 두어서 병원비 걱정은 안 해도 되려니 했는데 현실은 전혀 생각 밖이었다.

 전립선암 치료 방법이 의료로봇을 이용하는 시술법과 개복을 하는 수술 방법이 있는데 로봇 시술이 개복수술보다 거의 세 배의 비용이 필요했다. 허나 초기 암에는 치료효과나 회복 등이 수술보다 시술이 훨씬 효과적 이어서 거의 모든 환자들이 로봇 시술을 시행한단다. 하지만 보험회사에서는 시술 시는 치료비의 십 프로 정도만 지불하고 수술 시는 치료비의 절반 정도가 지불된다는 통지에 고생을 각오하고 O형은 수술을 결정했다.

 그런데 이번에는 병원이 수술을 거부했다. 연로한

나이 때문에 개복수술은 할 수 없으니 다른 병원을 알아보라는 것이었다. 울며 겨자 먹기로 O형은 로봇 시술을 할 수밖에 없었다. 지켜보던 범부들에게는 선진사회에 대한 믿음 하나가 또 사라지는 현실이 아닐 수 없었다. 각설하고, 약 일주일의 입원과 퇴원 후에도 약 보름 정도의 요양을 의사는 권고했지만 O형의 현실에서는 그럴 수 없어 6회, 즉 12일을 대신 근무할 경비직 유경험자를 구해 놓고 관리소장에게 사연을 의논하고 허락을 얻었다.

그런데 소속된 인력회사에는 통지를 하지 않았던 것이 문제가 되었다. 대타자의 근무 첫날, 수시 점검차 방문한 인력회사 차장이 처음 보는 사람이 근무하는 것에 깜짝 놀라 반장과 조원이 나를 호출하여 사실을 추궁하더니 결국 불호령이 떨어졌다. 듣고 보니 회사의 입장도 이해가 갔다.

경비원의 자격에 경비원 정규교육 불이수자나 경찰서에서 범죄사실 확인이 이루어지지 않은 사람을 경비원에 채용할 경우 당국으로부터 인력회사 면허 취소 등의 엄한 처벌을 받는다는 것이었다.

O형은 행여 회사에 병가를 청할 경우 재계약에 불리할까 봐 알리지 않은 것이 화근이 되어 버렸다. 예상했던 대로 재출근 십 여일 후 O형에게 해고 통지,

'그간 수고 하셨습니다'가 날라 오고 말았다.

근래 아침마다 나름 뜨거웠던 대선에 대한 토론도, 쉬는 날 점 백짜리 고스톱도, 모두 멈춰지고 웃음이 끊기지 않았던 우리의 작은 일상의 행복도 사라지고 말았다.

해고 통지 이후부터는 아침 미팅 시간이 채 십 분도 걸리지 않는다. 날로 추워지며 찌푸린 날씨처럼 O형의 좋은 미소도 굳어져 가는 이 겨울이 더욱 을씨년스럽다.

비상사태

 그간 경비원 생활 일 년여 동안, 정말 긴급한 상황이라고 판단되는 일은 없었던 것 같다.
 물론 아이들이 놀이터에서 놀다가 다쳤다던가, 극히 소수의 주민들의 부당한 지적 등으로 놀라고 속상하는 일은 서너 차례 있었지만 그런 일들을 비상사태라고 여길 정도는 아니었다.
 그런데 정말 비상사태가 일어나고 말았다.
 밤도 새벽도 아닌 0시 30분은 새벽 04시 30분부터 일과를 시작하여 밤 12시에 끝나는 경비원들에게는 고단한 하루를 마감하고 고대하던 꿈나라로 향하는 달콤한 시간이다.
 그날도 밀려오는 피곤에 물 샤워로 땀만 씻어내고 잠자리에든지 오 분 정도 된 시간이었다.
 누군가 경비실 출입문을 다급하고 거칠게 두드린다. 처음에는 꿈이려니 했다가 놀라 일어나 잠옷 차림으로 문을 열었다.
 삼십 대 초반의 남자가 문을 여는 나를 밀치고 경비실 안으로 들어오며 스스로 경비실 출입문 도어록을 잠근다.

"빨리 cctv 틀어!"

"웬 이세요?"

나의 질문에는 대답도 하지 않고 "누가 나를 죽이려 하니 빨리 cctv 틀라고!" 숫제 반말로 나를 채근한다.

진한 술 냄새에 그의 행색을 살펴보니 뭔가 정상이 아니다. 눈은 초점이 없이 좌우로 흔들리고 말도 행동도 두서가 없다.

"cctv 함 열쇠가 관리실에 있어 여기서는 열지 못해요. 그리고 경비실에 외부인 출입이 금지되어 있습니다" 하며 출입문을 열려는 나를 거칠게 밀어 당기며 "열지 마, 문 열면 죽어!" 이제는 숫제 협박이다. 순간 판단이 '아! 이건 비상사태구나' 하는 생각이 들었다.

손에 들지는 않았지만 윗옷이 불룩한 것 보니 뭔가 흉기 같은 것을 품은 듯하였다.

그를 안심시키는 일이 우선이라는 생각이 들어 "알았어요.

나하고 함께 관리실로 가서 열쇠를 가지러 갑시다" 하는 제안에 잠시 멈칫하더니 "기다려! 기다려" 하더니 휴대폰을 열고 112로 전화를 한다.

"신변보호를 해 달라니까!" 전화기 안에서 112 경찰관의 응대가 들린다.

'출동한 경찰관에게 말씀하시라니까요' 이건 뭐가 뭔지가 모르겠다.

출동한 경찰관이라는 말에 혹시나 하고 실랑이를 하던 경비실 안쪽에서 두어 걸음 창문 쪽으로 다가가 내다보니 정말 경찰관 두 명이 주위를 살피고 있다. "저기 경찰관이 있네!" 하는 내 말에 그도 창문 쪽으로 다가가 밖을 살피는 사이 출입문을 열고 밖으로 탈출(?)하였다.

'경찰관! 경찰관!' 다급하게 부르는 내 목소리에 경찰관이 뛰어온다.

말이 잘 나오지 않는다.

손가락으로 경비실을 가리켰다.

'이 사람 여기 있었네, 밖으로 나와요!' 하는데도 그 사람은 나오지 않고 오히려 경찰관을 안으로 들어오라고 손짓을 한다.

안으로 들어서려는 경찰관을 저만큼에서 다른 경찰관이 '기다려, 기다려' 하며 뛰어온다. 안전장치를 갖춘 두 경찰관에게 제압된 그 사람을 경찰차에 태운 후, 나에게는 다친 곳은 없는지 등을 확인하고 떠나갔다.

비상사태 | 145

경비실로 돌아오니 이게 웬일인가 싶다. 그제서야 '늦은 시각에는 경비실 문을 절대 열어주지 말라'던 선배들의 충고가 생각이 난다.

그나마 이렇게 끝나서 다행이라는 생각에 한참을 뒤척이다가 달아난 잠을 청해 잠이 설핏 들었는데 이게 도대체 현실이라는 말인가?

누군가가 또 거칠게 출입문을 '문 열어! 문 안 열어!' 하며 발로 차댄다.

두 번이야 속겠는가, 문을 열어주지 않고 일어나 근무복으로 갈아입었다.

그러는 사이 돌 같은 것으로 철재로 된 출입문을 사정없이 쳐 댄다.

그래도 반응을 하지 않았더니 창문으로 가더니 들고 있던 돌멩이를 사정없이 내던진다.

옷은 어디선가 갈아입었겠지만 좀 전 그자가 틀림없다.

이중으로 된 유리창 전면이 '와장창' 하는 거친 소리를 내며 깨진다.

그래도 튼튼한 방범 유리창 뒷면이 깨지지 않자 두어 차례 더 돌멩이를 던진다.

이제 보니 돌멩이는 반으로 잘려진 붉은 벽돌이었다. 후면 유리창까지 깨어지면 안으로 들어오겠구나,

하는 생각이 들어 난생 처음으로 112 신고를 하였다. 위치와 상황을 간단히 설명하였다.

전화를 받은 경찰관이 당장 신체 접촉을 피할 수 있는지를 물었다. 그렇다고 하자, 절대 문 열어주지 말 것. 휴대폰을 끄지 말 것, 상대를 자극하지도 말 것 등의 주의를 주면서 '오 분 안에 출동할 것'이니 안심하라고 위로를 한다.

고립무원에서 천군만마를 얻은 것 같다.

세계에서 최고라는 대한민국 경찰관서의 '긴급 상황 대처' 현장을 실감하는 순간이었다.

오랜 시간 외국에서 살면서 경험했던 그 나라의 치안과는 너무나도 대조되어서, 위급한 상황에서도 한국인임이 자랑스러웠다.

암튼 오 분은 버텨야 한다. '그자가 창문으로 들어온다면?' 하는 생각이 들자 방어할 무엇인가 있어야 할 것 같아 주위를 둘러보아도 아무것도 보이지 않는다.

그런다고 과일칼을 들 수는 없는 것 아닌가, 언뜻 보니 나무 손잡이가 달린 라면 냄비가 보인다.

제법 묵직하다.

그자가 창문으로 기어 들어오면 손목이라도 때릴 마음으로 냄비를 단단히 쥐었다.

두어 차례 더 벽돌을 던지던 그 자가 혼자 구시렁

거리며 경비실 주위를 배회하는데, 아! 저만큼에서 구원의 불빛이 보인다.

  순간에 그자 앞으로 다가선 차에서 경찰관들이 내리더니 그자를 순간에 제압한다.

  그제야 경비실 등을 켜고 문을 열었다.

  경비실 안으로 들어 온 경찰관이 다친 곳은 없는지 등의 안전을 확인하고 깨진 유리창과 그자가 들고 있던 벽돌 등을 체증한다.

  그자가 입주민인지, 왜 또 왔는지 등을 질문하였으나, 미안하지만 그자의 신상에 대하여는 수사 절차상 말해 줄 수 없다고 한다. 대처를 아주 잘 했다며 칭찬을 한 후 cctv를 확인하자고 하여 관리실에 숙직 담당 기사에게 전화를 하고 경비반장에게도 연락을 취했다.

  달려온 기사가 깨진 유리창 등을 보더니 깜짝 놀란다. 그자가 또 오면 어떡하느냐고 걱정하는 나에게 그자를 경찰서로 송치하여 오늘 저녁에는 유치장에 수감 될 것이니 걱정 말라며 경찰관들이 떠나갔다.

  내일쯤 경찰서에서 상세한 연락이 올 것이라고 한다. 한밤중에 고생한 경찰관에게는 정작 말 한마디 하지 못하고 저만큼 떠나가는 경찰차 뒤꽁무니에 대고 그제야 머리 숙여 인사를 했다.

'수고하셨습니다!
든든합니다!
감사합니다!' 하는 마음에 인사가 절로 나온다.
"대한민국 일선 경찰관 여러분!
여러분이 계셔 행복합니다.
파이팅!!"

차단기

　대부분의 아파트 정문에는 차량 출입을 통제하는 차단기가 설치돼있다.
　입주민들은 전산 관리가 되어 자동으로 문이 여닫히지만 방문객들은 경비실 확인 후에야 출입이 가능하다.
　그런데 경비원들에게 이 차단기는 개미지옥처럼 곤혹스러운 장치이다.
　경비원들의 모든 분쟁 중 절반 이상이 이 차단기로 인하여 발생을 한다.
　아파트 주차장은 늘 주차 자리가 부족하다.
　주차장 법적 보유 대수 보다 각 가정에서 보유한 차량 숫자가 훨씬 많기 때문이다.
　한 집에 두 대는 보통이고 많게는 네 대를 보유한 세대들도 있다. 늦은 밤 주차 자리를 찾지 못해 헤매다 보면 그 화풀이 대상은 경비원이 되기 십상이다. 왜 외부차량 통제를 하지 않느냐는 원망이다.
　밤뿐 아니다.
　낮에도 외부 차량을 확인도 없이 쉽게 열어준다는

민원이 수시로 관리실에 접수된다.

그런데 문제는 통제하지 않느냐는 민원만 있는 것이 아니고 왜 통제를 하느냐는 원성도 적지 않다.

'부모님 댁 가는데 왜 통제 하느냐?' '아들네, 딸네 집에 가는데 일일이 허락을 얻어야만 하느냐' 하는 일리 있는 항의들이 조금만 통제를 엄중하게 해도 빗발친다.

수시로 들어오는 차들을 세워두고 행선지를 묻고 또 그 댁에 확인을 한 후 차단기를 열어 주려 하면 뒤따라 들어오려는 차들은 경적을 울려 대고, 앞차 운전자는 차에서 내려 경비실까지 찾아와 항의를 하고 종내는 아파트 입구 도로를 지나가려는 차들까지 막혀 일대가 난장판이 되고 만다.

언제인가 방문자 차량 신분을 확인하고자 했다가 이십 분도 채 안 되어 포기한 적도 있다.

그러다 보니 가끔 차량 차단기를 아예 들어 올려놓기도 한다. 며칠 전이었다.

밤 열 시 당일 분리수거장을 마지막으로 정리하고 들어오는데 오십 대로 보이는 한 사람이 경비실 출입문 앞을 가로막고 있었다.

나를 보더니 대뜸 "왜 차단기를 항상 올려놓는 겁니까?" 하고 격한 목소리로 항의를 하는 것이었다.

"아, 잠시 순찰을 하고 왔습니다"

"아니 순찰을 하면 하지 차단기는 왜 올려놓아 아무 차량이나 들어오게 하는데요?" 상황을 보니 길에서 몇 마디 대화로 끝날 일이 아닌 듯하였다.

경비실 안으로 들어오게 하여 경비원의 하루 일과에 대하여 설명을 하여 주었다.

오전 세 번, 오후 적어도 서너 번, 분리수거장 정리 시 매회 이십 분에서 삼십 분. 총 두 시간에서 세 시간. 그리고 법적 휴식 시간 2회 각 두 시간씩 4시간 취침 시간 다섯 시간, 거기다가 수시로 있는 게시물 부착, 비상사태 발생 시 각 가정방문 시간 등 어쩔 수 없이 경비실을 비워야 하는 시간이 하루 열두 시간 이상인데 이때 차단기를 열어 두지 않으면 위에서 말한 것과 같은 난리법석이 난다는 설명을 해 주었다.

내 설명을 듣더니 조금 민망한 듯 "그래도 가능한 한 관리 좀 잘하세요" 하며 떠났다.

최신 고가 아파트에 설치되는 차단기는 기능이 다양해져서 분쟁의 소지가 적어졌다고는 하지만 나이 드신 분들이 그 기능을 숙지해서 잘 이용할 수 있으려나 모르겠다.

이 스마트한 세상에 스마트한 차단기를 만들어 경비원들의 한숨을 덜어줄 영웅은 어디에 계시는지!

봄날 풍경

 누가 뭐래도 도심 아파트 봄의 전령은 산수유다.
 아직도 가끔 불어오는 칼바람에 모두가 긴가민가 할 때에 여리고 수줍은 모습으로 살포시 얼굴을 내밀어 봄의 도래가 멀지 않았음을 만천하에 알린다.
 그래서 어느 시인은 '봄이 와도 아직은 다 봄이 아닌 날, 지난 겨우내 안으로 안으로만 모아둔 햇살 폭죽처럼 터트리며 피어난 꽃'이라고 노래한 모양이다.
 그 매섭던 지난겨울 추위 중에도 잊지 않고 있었던 연정을 병아리처럼 여린 노란색으로 피워 내니, 꽃말을 영원불멸의 사랑이라 지었는가! 가지에 맺히는 꽃잎들 숫자가 늘어 갈 즈음 저 멀리 남쪽으로부터 매화가 피었음이 전해져 온다.
 그리고 머지않아 아파트 단지 내 이곳저곳에 간간이 서 있는 매화나무에 귀티가 도도한 꽃이 눈을 뜨기 시작한다.
 그런데 생김새만 그런 것이 아니고 향마저 품위가 넘쳐흘러 지나가는 이들의 오감을 홀린다.
 매화는 지난 오랜 세월에 숱한 선비님네들의 사랑

을 넘치도록 받아 그 이름이 많기도 하다.

 눈 속에 핀다고 하여 설중매, 꽃받침이 푸르다고 하여 청매, 총각 애간장을 녹인다는 만중홍매, 크다고 왕매, 늘어진 가지에 꽃이 열린다고 수양매 등등.

 매화꽃이 제 흥에 겨워 한창일 무렵 아파트 마당의 왕비 격인 목련이 등장을 한다.

 그렇다!

 바로 '목련꽃 그늘 아래서 베르테르의 편질 읽노라, 구름 꽃 피는 언덕에서 피리를 부노라, 아~ 멀리 떠나와 이름 없는 항구에서 배를 타노라,' 하고 목월 시인이 노래하던 그 목련이 하룻밤 사이 화려한 자태를 드러내면 아직 덜 풀린 피로로 눈 비비며 출근하던 이의 눈이 번쩍 뜨여 "와!" 하는 탄성이 절로 나게 한다.

 그런데 그 수려한 자태를 오래 유지하지 못하고 쉬지는 목련 꽃잎을 바라보고 있노라면 왜 까닭 없이 누군가가 그립고 그리워 어디론가 떠나야만 할 것 같은 생각이 드는 걸까?

 이 꽃피는 봄날, 목월은 우리에게 도대체 어쩌라고 저리도 절절하게 노래하였다는 말인가! 온갖 꽃 중에서 이놈의 목련만이 유일하게 꽃봉우리가 북쪽을 향하는 이유는 또 뭐더란 말인가!

그리고 뒤이어 드디어 계절의 여왕, 벚꽃이 한 잎, 두 잎 보이는 듯하더니 부지불식간에 연분홍 매혹적인 자태로 온 시야를 덮어 버린다.

이때쯤이면 동네 처녀들뿐 아니라 '반사백발옹(半死白髮翁)'들의 굳어 버린 줄 알았던 가슴에도 꽃바람이 슬렁슬렁 일어 엉덩이를 들썩이게 한다.

이제는 멀리 갈 것도 없다.

도처가 벚꽃 축제다.

소문난 명소는 꽃구경, 사람 구경 겸하려면 모르지만 집 근처 한적한 시냇가 벚꽃 길도, 아파트 단지 내에 대여섯 그루 심어 놓고 벚꽃길이라 붙여 놓은 길도 홀로 거닐만하다.

그러다가 봄바람이라도 넉넉하게 불어올 양이면 흩뿌리는 꽃비에 얼굴 내밀어 맞아 봄도 어떠한가! 연분홍 벚꽃들의 향연이 어느 사이 여린 잎으로 바뀌어 가면, 아파트 단지 봄날은 철쭉이 마침내 대미의 마침표를 찍는다.

흰색, 자색, 홍색, 연지홍색 등 사람을 홀리게 하는 온갖 색으로 치장한 철쭉꽃 무리로 아파트 온 단지는 화사함을 넘어 사치스럽게 여겨질 정도로 꽃단장을 한다.

게 중, 봄이면 벌거벗은 민낯을 보여야 했던 과거

우리 산야가 부끄러워 핏빛으로 물들이던 진달래가 섞여 있으니 눈여겨 찾아 볼 일이다.

중국 촉나라 망제 두우가 믿었던 벗에게 배신을 당하고 두견이 되어 피를 토하도록 울어 대 두견화라고도 불리는 진달래는 우리에게도 아픈 꽃이다.

배고픈 봄, 보릿고개 시절 허기진 아이들의 주린 배를 달래주던 꽃이어서 참꽃나무라고도 하지 않았던가.

철쭉에 섞인 꽃받침 없는 진달래를 찾아내서 잎 서너 장 따다가 화전이라도 붙여 놓고 아이들에게 옛 얘기라도 한 자락 들려줌도 그중 흥겨운 봄맞이 행사 중 하나가 아니겠는가.

화려함의 절정인 철쭉마저 조금씩 그 빛을 잃어 갈 쯤이면 '구십춘광(九十春光) 거여사(去如梭)' 영원할 것 같은 화려 한 봄날도 배 틀의 북처럼 순식간에 지나가고 시절은 여름으로 치달려 간다.

그래도 허리를 낮추고 아파트 벽 모서리 숨겨진 곳을 눈 여겨 보라. 고개 한 번, 숙이지 않는 이들에게는 절대 눈에 띄지 않는 손가락 한 마디 크기의 보라색 제비꽃, 봉숭아 물 들일 때 함께 넣어 싸 맺던 괭이밥, 이름마저 이상한 개불알꽃, 어린 시절 한 여름 들판에서 뛰어 놀다가 목마르면 서너 알 따 먹던 달고 시큼한 열매를 맺는 까마중도 이 봄이면 아파트 단지 내 척박하고 구석진 한 편에 숨어 흰 꽃잎에 노란 수술을 달고 그대가 찾아와 반겨주기를 기다리고 있을 것이다.
 아, 이렇게 또 아파트 경비원의 봄날은 간다.

 주) 구십춘광 거여사 : 청나라 시인 오석기의 '봄을 보내며' 중.
  반사백두옹: 당 시 유희이의 '대비 백두옹' 중.

자연보호와 생활 쓰레기

 사람들의 자연보호에 대한 무관심과 자원 남용이 도를 넘었다는 언론보도가 넘쳐난다.
 그로 인하여 지구 종말까지 우려된다는 사실을 북극곰 등의 사실적 자료와 더불어 거의 매일 빠지지 않고 보도하고 있다.
 보통사람들의 일상적인 삶에서 배출되는 엄청난 양의 생활쓰레기를 지켜보는 경비원의 입장에서도 실로 걱정이 아닐 수 없다.
 년 말, 관리실에서 분리수거장에 새로운 분리수거 거치대를 설치하라는 지시가 하달되었다.
 각종 음료를 담는 종이팩은 일반 팩과 멸균 팩 두 종류가 있다. 일반 팩은 우유 등을 담아 냉장 보관하는 팩이고 멸균 팩은 두유나 소주 등을 담는 상온 보관용 팩이다.
 이 두 종류의 팩을 분리해서 수거하려는 목적의 거치대를 새로 만들어 설치한 것이다. 추운 날씨에 손가락 불며 거치대를 설치하던 도중에 O형이 투덜댄다.
 "언놈의 생각인지는 모르지만 쓰레기 치우자고

또 쓰레기를 만들어 설치하고 있네!"

"예? 뭔 말이래요?"

의아해하는 내가 딱 하다는 듯

"아, 생각을 해봐. 어떤 주민이 종이팩을 해체, 물에 씻어 여기다 버리겠느냐고? 며칠 후면 각종 쓰레기로 가득 차서 또 다른 쓰레기통이 되고 말지"

이어서 마저 악담을 할 걱정인 듯, 하고 싶은 말을 다 하고 만다.

"두어 달만 지나면 잔뜩 녹이 슬어 폐기될 이런 것을 만든 이유는 다 떡고물이나 얻어먹으려는 탁상공론가들의 꼼수지 뭐!"

설마 그렇겠는가? 만은 그의 말이 다 틀린 것도 아니다.

아직도 분리수거장을 쓰레기장으로 생각하는 사람들이 적지 않다.

수거장은 자원회수를 위한 공간이건만 이곳에 음식쓰레기나 물에 젖은 화장실 휴지 등을 불법 투기하는 경우가 종종, 아니 솔직히 자주 있다.

그도 따로 분리된 것도 아니고 여러 가지 쓰레기를 뒤섞어 내놓으면 이를 정리해야 하는 경비원들의 입장은 난감하기 그지없다.

주민들이 종이팩을 잘 분리해서 내놓으면 좋으련

만 O형 생각처럼 팩 수거대가 또 다른 쓰레기로 전락 될까 봐 걱정이다.

이번 일을 추진한 주무 관공서가 어딘지는 모르겠으나 현장 근무자인 경비들에게 자문을 구한다면 경비원들 모두 다, 솔직히 나부터도 무용지물이 될 것이라고 반대했을 것이다.

하긴 우리 같은 경비원들 의견을 누가 묻지도 않을 것이며 말한들 들어줄 이도 없겠지만 말이다.

그래도 누군가 있어 효과적인 생활 쓰레기 분리수거에 대한 우리의 의견을 묻는다면 꼭 들려주고 싶은 내용이 있다.

효과적인 분리수거를 위한 경비원의 제언

각 가정에서 배출되는 엄청난 양의 생활쓰레기의 80~90%는 재활용이 가능한 자원이지만 대부분은 또 돈 들여 공해 물질을 배출하며 태워야 하는 골칫거리로 전락되고 마는 것이 현실이다.

이를 해결하는 유일한 방법은 각 가정에서 정리하여 배출하는 길뿐이다.

가정에서 정리가 되지 않은 상태로 배출되면 이후는 자원이 아니라 쓰레기일 뿐이다.

환경보호의 시작인 각 가정에서의 분리수거를 쉽게 생각해서는 안 된다.

국가적인 차원에서 장기계획을 세워야 한다.

초등학교 저학년 아이들부터 이론 교육으로 시작해서 초등학교 고학년이 되면 적어도 십 회 이상의 현장 실무교육을 통하여 철저한 정신 교육을 함양하여야 한다.

왜 학자들은 이런 문제에 대하여 연구하고 논문작성해서 발표하지 않는가? 왜 나라에서는 주민의식 타령만 하며 쓸데없는 곳에 혈세를 쓰는지 무지한 경비원의 눈에도 답답하기 그지없다.

중국이 우리보다 선진적인 면이 하나 있는데 바로 분리수거다.

중국 전부는 아니지만 대도시의 아파트에는 그 아파트의 나이 드신 입주민들로 이루어진 분리수거 요원(?)들이 따로 있다.

그들이 분리수거장을 지키고 있다가 주민들이 가져오는 각종 재활용품을 현장에서 사들인다.

폐종이도, 각종 병, 플라스틱 역시 정리 상태에 따라 등급을 매겨 가격 차를 두어 사들인다.

이들을 통하지 않고서는 종이 한 장 버리지 못한다.

그러다 보니 완벽한 분리수거가 이루어지는 것은

물론이다.

  이렇게 완벽하게 정리된 쓰레기는 자원이 되어 각 업체에서 경쟁하며 서로 사간다.

  그 차액이 적지 않아 분리수거 요원들의 수고비를 지불하는데 부족함이 없으니 노인 일자리, 환경보호, 자원회수 등 일석삼조이니 참으로 묘책이 아닐 수 없다.

  앞 어느 장에서 한 번 언급한 적이 있지만 매년 수만 톤씩 일본 생활쓰레기인 폐플라스틱을 수입하는 현실에서 우리도 한 번 숙고해 볼 일이다.

  답답한 마음에 주제넘은 말을 너무 길게 한 것은 아닌지 모르겠다.

  내년에는 분리수거도 반도체처럼 우리나라가 전 세계에서 최고의 선진국이 될 것이라 기대하며 작업을 마치니 다사다난했던 신축년을 마무리하는 해가 저물어 간다.

| 발문 |

정승윤 (수필가)

지금 막 칠십 대에 접어든 우리 세대는 어쩌면 지난 세대와는 전혀 다른 새로운 국면을 맞이하고 있는 것 같습니다.

과거의 세대들은 칠십이라면 고희라 불렀고 그저 진귀한 존재라 여겼습니다.

그러나 우리 세대들은 얼마나 연장될지 모르는 기나긴 노년의 초입에 들어섰을 뿐입니다.

은퇴란 말뿐이고 전역 후에 재입대하는 기분으로 대부분은 새로운 생활 전선에 뛰어들어야 합니다.

좋아진 영양 상태와 의료 보험 탓으로 욕망은 유지되고 능력은 감퇴되는 표리부동(?)하고 모순된 삶을 살아야 합니다. 흔히 '낀 세대'라고 표현하듯이 우리를 전후한 어떤 세대에도 편입되지 못하고 애매한 행보를 해야 하는 세대입니다.

자식들에게는 바라지도 못하면서 어쨌든 부모는 봉양해야 한다는 책임감을 안고 살아야 하는 마지막 세대라고 합니다.

윗세대들은 자식들에게 가난을 대물림해주는 것을 미안해 하며 세상을 뜨셨습니다.

 우리 세대는 가난 정도가 아니라 지구 종말을 후손들에게 떠넘기는 것이 아닌가 하는 불안감 속에서 살아갑니다.

 자식들이 3포를 외쳐도 마냥 꾸짖거나 강요할 수는 없는 입장입니다. 다만 후손들을 벼랑 끝에 내몬 것 같아서 안타깝고 미안할 따름입니다.

 작가 김광식은 현재 아파트 경비원으로 일하고 있습니다. 나는 그와 오십 년 지기(知己)이기 때문에 그의 결단을 기쁜 마음으로 받아들였습니다.

 과거 직장 생활을 할 때 야간 경비를 하시는 분들의 전직(前職)을 알고는 놀란 적이 있습니다.

 겉보기에는 공원이나 정자에서 노년의 시간을 죽이고 계시는 노인들과 하등 다를 바 없이 보이는데, 그들의 전직은 놀라운 것들이었습니다.

 왜 그런 분들이 하릴없이 이런 일에 매달리실까?
 그때는 의문이었지만 지금은 이해할 수 있습니다.
 노년은 큰 욕심이나 야망들이 없어질 때입니다.
 그들에게는 큰돈 버는 일도 출세하는 일도 이제는 불가능할뿐더러 부질없는 일이기도 합니다.

 내가 건강해서 일할 수 있다면 그것만으로 족한 것

입니다.

노년에게 일자리란 단순한 연명이나 호구지책만은 아닙니다.

인간은 죽는 날까지 살아야 하는 존재들입니다.

아무리 나이가 들어도 삶을 삶답게 살아야 하는 책임이 있는 존재들이며 어떤 의미에서는 누구나와 마찬가지로 삶의 최일선에 서 있는 전사들인 것입니다.

친구가 책의 편집과 발문을 부탁하며 파일을 보내왔을 때, 나는 그의 글을 읽으면서 노년에 대한 나의 그런 생각들이 단지 허세거나 망상일 뿐은 아니라는 확신이 들었습니다.

그의 '경비원 일기'는 단순한 노년의 넋두리이거나 하소연만은 아닙니다.

그의 일기는 우리 사회의 제반 문제들을 첨예하게 다루고 있습니다. 경비직은 임시 계약직 문제, 그리고 노인 일자리 문제와 직결됩니다. 더 나아가 노동 문제나 인권 문제로도 확산될 수 있습니다.

층간 소음 문제나 주차 문제는 과연 우리 시대에 이웃이란 어떤 존재들이며, 나는 그들에게 어떤 존재여야 하는 가를 묻고 있습니다.

작가가 직업상 가장 고심하고 있는 문제는 쓰레기 분리수거 문제입니다. 그래서인지 쓰레기에 관련된 일화가 가장 많고 그가 제시한 해결책은 우리 사회가 귀담아들어야 할 만큼 창의적이었으며, 진실을 호도하고 살아가고 있는 우리의 허를 찌릅니다.

  쓰레기 분리수거장이 마치 현실의 축약도인 것처럼 느껴지며 그 안에서 벌어지는 일들이 결코 남의 나라 일이 아니며 현재에 그치는 일만이 아님을 깨닫게 됩니다.

  몰래 버리는 이도 있고 몰래 훔치는 이도 있습니다. 돕는 이도 있고 따지는 이도 있는가 하면 고마워하는 이도 있고 질책하는 이도 있습니다.

  우리의 만화경 같은 삶을 여실히 보여주고 있습니다.

  작가는 오늘도 새벽에 일어납니다.

  그가 과연 경비 일을 얼마나 오래 할는지는 알 수 없는 일입니다만, 이 일을 그만둘 때까지는 그의 일기는 계속될 것입니다.

  나는 그가 어떤 사명감과 자부심을 갖고서 이 일에 임하는지 자세히는 알지 못합니다.

  그러나 이런 표현이 용납될 수 있다면 그는 백의종군하고 있는 것입니다.

  지난날의 영욕은 다 버리고 다시 시작하고 있는 겁니다.

  우리가 지난 삶에 대한 회한에 젖어 있을 때, 그는

과감하게 낮은 곳에서 새로운 출발을 하였습니다.
 가장 낮은 곳에 임하는 분이 그와 함께 하지 않으셨다면 그의 시작은 어려웠을 것입니다.
 그래서 그가 경비실 한 귀퉁이에서 쓰기 시작한 그의 '경비원 일기'는 그의 신앙의 일지이기도 하며 간절한 기도문이기도 합니다.

경비원 일기

초판발행:2022년 6월 20일 인쇄
지은이 : 김광식
펴낸이 : 김선문
펴낸곳 : 도서출판 대명
등 록 : 제 2012-000005호
전 화 : 061)369-5333. 팩스 : 0504-210-5333

값 11,000원
ISBN 979-11-952469-8-4

*저자와 출판사의 사전 동의없는 무단 전재 및 복제를 금합니다.